Sígueme

I0107537

Preparando luteranos para la confirmación y el discipulado

David Brondos

CPH®

Recursos Étnicos

3558 S. JEFFERSON AVENUE
SAINT LOUIS, MISSOURI 63118- 3968

La impresión de *Sígueme* ha sido posible, en su mayor parte, gracias a una donación de la Congregación Luterana Concordia (Concordia Lutheran Church) de San Antonio, Texas.

Editor:	Héctor Hoppe
Diagramación interior:	Cathie Wakeland
Ilustración de la portada:	R. Hook
Diagramación de la portada:	Bill Clark

Propiedad literaria ©1996, Concordia Publishing House
3558 South Jefferson, St. Louis, MO 63118-3968

1 2 3 4 5 6 7 8 9 10   05 04 03 02 01 00 99 98 97 96

Contenido

Indicaciones para el pastor o maestro

Este curso está diseñado para ser usado tanto con jóvenes como con adultos que van a ser recibidos como nuevos miembros dentro de una congregación luterana. Debido a la diversidad de costumbres que existen entre los luteranos en cuanto a la instrucción que se da para la confirmación o nueva membresía, el curso ha sido dividido en 15 unidades de tres lecciones cada una. Esto permite que el curso sea fácilmente adaptable a diversos usos y contextos.

En muchas congregaciones luteranas existe la costumbre de ofrecer las clases de instrucción para la confirmación o la nueva membresía durante un año entero. En este caso, se puede estudiar una lección en cada reunión, leyendo el material en clase y contestando todas las preguntas que vienen al final de cada lección. Así habrá un total de 45 lecciones.

Otras tienen la costumbre de ofrecer este tipo de clases durante un período más corto. En este caso, el presente curso puede enseñarse de dos maneras:

1. Los alumnos pueden leer las tres lecciones que componen cada unidad y buscar los pasajes bíblicos indicados, antes de llegar a la clase. Luego, al reunirse para la clase, el pastor o maestro puede repasar las preguntas con ellos, y ver también la sección titulada *PARA PROFUNDIZAR*.

2. Pueden leer en grupo las tres lecciones de una unidad en una sola reunión (leyendo también en clase los pasajes bíblicos indicados en la parte principal de la lección). En este caso, probablemente no habrá tiempo para ver la sección *PARA PROFUNDIZAR*. De ser posible, el pastor o maestro podrá escoger una o dos preguntas de esta sección para tocar puntos que considere importantes. Si se enseña el curso de cualquiera de estas dos maneras, habrá un total de 15 clases.

La primera parte de cada lección está estructurada para clases tanto individuales como grupales. La segunda parte, *PARA PROFUNDIZAR,* está pensada, antes bien, para clases grupales, para permitir una mayor interacción de parte de los participantes. Por supuesto, se recomienda que el pastor o maestro adapte este curso como mejor le parezca, ya sea ampliando el material presentado aquí con su propio material, u omitiendo ciertas partes del curso que no considere esenciales. También puede incorporar otros libros (como el Catecismo Menor de Lutero) y asignar otras tareas (como trabajos de memorización) al enseñar el curso.

Ya que muchas iglesias luteranas tienen la costumbre de permitir que los que reciben instrucción para la confirmación o la membresía comulguen antes de terminar su instrucción, el tema de la Santa Cena aparece casi al principio del curso, en la segunda unidad. Si no se tiene esta costumbre, existe la opción de enseñar esa unidad más tarde (posiblemente después de la unidad 8).

El curso también ha sido diseñado para ser usado con cualquier versión de la Biblia, ya sean las versiones Reina-Valera, Dios habla hoy, o alguna otra. Las abreviaturas de los libros de la Biblia que usamos aquí han sido tomadas de la versión DHH de la Sociedad Bíblica Americana (véase la pág. 96).

¡Esperamos que este curso sea de mucha bendición para todos los que lo estudian!

1. Tu nueva vida como cristiano

Todos los años, celebras un día muy especial para ti: tu cumpleaños. En esa fecha, viste por primera vez la luz del mundo, y ese largo camino que llamamos *la vida* comenzó para ti. Sin duda, muchas personas se alegraron al recibirte en este mundo, particularmente los de tu familia. Desde ese día, has ido aprendiendo muchas cosas acerca de la vida y del mundo en que vivimos.

Pero hay otro día muy parecido a aquél en la vida del cristiano. Lee Jn 3.1-8 para ver cuál es.

➤

¿De qué momento de tu vida habla este pasaje?

Según el pasaje, ¿qué sucedió en ese momento?

El día de nuestro bautismo es un día tan importante como el día de nuestro nacimiento; de hecho, es un *nuevo nacimiento*. Ese día también comienza una nueva vida para nosotros. Tal vez no recuerdes ese día, así como no recuerdas el día de tu nacimiento, porque eras muy pequeño. O posiblemente ya eras un poco más grande cuando fuiste bautizado, y lo recuerdas bien. Inclusive, es posible que todavía no hayas sido bautizado, y estás preparándote para ese día tan especial. En realidad, la edad en que uno se bautiza no es lo más importante, pues uno puede *nacer de nuevo* a cualquier edad. Lo que importa es lo que sucede en nuestro bautismo: comenzamos una nueva vida.

Tal vez te parece extraño hablar de una *nueva vida* si ya fuiste bautizado hace muchos años. Pero la vida cristiana es una vida siempre *nueva*. Cada día es una nueva experiencia, en la que Dios tiene nuevas cosas que decirte y enseñarte, nuevas bendiciones para compartir contigo, y nuevas maneras de comunicarte su gran amor.

Así como al nacer, llegamos a ser miembros de una familia humana, en el bautismo llegamos a ser miembros de otra familia. Lee Ro 8.15-16; Ef 2.19; 6.23 y 1 Jn 3.1.

➤

¿De qué familia llegaste a formar parte?

¿Qué relación tienes ahora con Dios?

¿Qué relación tienes con los demás cristianos?

Cuando nace un hijo dentro de una familia, los miembros de esa familia tienen una responsabilidad muy grande: cuidar, criar, alimentar, educar y, sobre todo, amar a ese hijo. Lo mismo sucede en la familia de Dios. Lee lo que dijo Jesús a sus discípulos en Mt 28.19-20.

¿Qué responsabilidades tiene la iglesia con los que son bautizados?

Tu familia, la iglesia, tiene una gran responsabilidad para contigo. Aparte de recibirte con mucho amor, debe ayudarte a vivir como un discípulo de Jesucristo, y enseñarte más acerca de tu vida como hijo de Dios. De esta manera podrás conocer mejor a tu Padre celestial y vivir más unido a él y a tus hermanos cristianos. Por eso, la iglesia siempre ha insistido en que los que forman parte de la *familia de Dios* reciban instrucción cristiana. Si ya fuiste bautizado, vas a conocer más acerca de la vida cristiana, para que puedas decir con convicción: "¡Qué bueno que me bautizaron y me hicieron miembro de esta familia! ¡Quiero seguir viviendo en ella!" Y si vas a ser bautizado, tendrás la oportunidad de conocer mejor el significado de ese momento tan especial en tu vida.

Así que, ¡bienvenido! Esperamos que estos momentos de reunión sean de gran bendición para ti.

1. ¿Qué significa para ti tu bautismo?

2. ¿En qué se parece el día de tu bautismo al día de tu nacimiento? ¿Puedes pensar en otros puntos de comparación no mencionados en la lección?

3. ¿Qué responsabilidades tiene la iglesia contigo? ¿Qué responsabilidades crees tener tú con la iglesia?

PARA PROFUNDIZAR

1. El hecho de que en el bautismo empezamos una nueva vida está mencionado en varios pasajes bíblicos. Lean Ro 6.3-14; 2 Co 5.17; Ef 4.20-24 y Col 3.9-10, relacionando estos pasajes con lo que vimos en esta lección.

2. Discutan más a fondo las responsabilidades que tienen la iglesia, los padres y los miembros de una congregación para con la persona que es bautizada. ¿Cómo cumplen con esas responsabilidades? ¿Creen que lo han hecho bien? Si no, ¿cómo podrían hacerlo mejor?

3. Hablen un poco acerca de la confirmación y su significado. ¿Por qué confirmamos a los que fueron bautizados?

4. Su pastor o maestro puede hablar un poco más acerca de la forma en que los cristianos han sido preparados en otras épocas para el bautismo y la confirmación.

2. El amor incomparable de Dios

No hay nada más hermoso dentro de la familia que experimentar el amor. Sentir que nuestros padres nos aman y aprecian nos llena de felicidad. Así es también en la familia de Dios. Tenemos un Padre celestial que nos ama con todo su ser y siempre busca lo mejor para nosotros. Él siempre quiere tenernos muy cerca suyo, para compartir su vida y todo lo que tiene con nosotros.

Ese deseo de compartir su vida con nosotros es lo que motivó a Dios a crear nuestro mundo. Él quería gozar de una comunión muy íntima con todos nosotros. Lamentablemente, las cosas no sucedieron así. En lugar de amar a Dios, los seres humanos se negaron a vivir en comunión con él. Podemos leer acerca de lo que sucedió en Gn 6.5-6; Is 1.2; 30.9 y Jr 2.13; 5.23-25.

➤ *¿Qué dicen estos pasajes acerca de nuestra relación con Dios?*

A pesar de todo esto, Dios no nos dejó de amar. ¿Cómo podía dejar de amar a sus hijos? Lee lo que nos dice Dios en Is 49.15.

Dios quería que sus hijos volvieran a él, pero sabía que ellos ya estaban tan lejos de él que no podían volver solos. Por eso, envió al mundo a su propio Hijo, nuestro Señor Jesucristo. A través de su vida, su muerte en la cruz, y su resurrección, Jesús tenía un solo propósito: hacer que los seres humanos volvieran a vivir en la comunión amorosa con Dios, y unos con otros. En todo momento, Jesús comunicó el amor de Dios a los demás; de hecho, nos amó tanto que entregó su vida en la cruz por nosotros. Lee Mt 9.35-36; Mr 10.45; Jn 3.16 y Ro 5.6-11.

➤ *¿De qué hablan todos estos pasajes?*

La historia de Jesucristo no terminó con su muerte. Dios el Padre lo resucitó y lo hizo subir al cielo. De esta manera, Jesús sigue viviendo para nosotros. A través del Espíritu Santo, que recibimos en nuestro bautismo, Jesús permite que vivamos unidos a él, y de esta manera nos llena de su amor y su vida. Unidos a él, gozamos de la misma relación que él tiene con Dios Padre: somos hijos de Dios y miembros de su familia. Lee Gá 2.20; 4.4-6 y Ef 2.13-22.

➤ *¿Qué aprendemos de estos pasajes acerca de nuestra relación con Dios?*

Es importante recordar que todo esto lo hemos recibido gracias a la bondad de Dios. Si somos sus hijos, no es porque lo hayamos merecido. Todo se debe al amor gratuito de nuestro Padre celestial. Así como los buenos padres humanos aman a sus hijos sin condiciones, hagan lo que hagan, simplemente porque son sus hijos, así Dios nos ama a pesar de todos nuestros pecados y defectos.

Sin embargo, cuando uno ama a otra persona, quiere tener una relación personal con esa persona. Los padres que aman a sus hijos quieren que sus hijos correspondan ese amor, para que haya comunión y armonía. El joven que quiere a una jovencita espera ver su amor correspondido. Así es con Dios también. Aunque no pone condiciones para amarnos, lo que él anhela es tener una relación muy personal e íntima con nosotros a través de su Hijo. Quiere que lo recibamos y amemos como nuestro Padre; de hecho, no sólo quiere ser nuestro Padre, sino también quiere ser nuestro amigo y compañero en todo momento. Lee Ef 5.19-20 y Col 3.14-17.

➤ *¿De qué manera podemos vivir en comunión con Dios?*

Encontramos la historia de este gran amor de Dios en el libro más importante que jamás se ha escrito: la Biblia. A través de estas clases, tendrás la oportunidad de conocer mejor este libro y aprender más de lo que nos dice acerca del incomparable amor de Dios. Esperamos que llegues a estar más convencido que nunca de que no hay nada más precioso que vivir unido a tu Padre celestial por medio de Jesucristo su Hijo.

1. ¿Tiene tu vida algún propósito? ¿Cuál es?

2. Compara la relación que Dios quiere tener con nosotros con la relación que un buen padre o madre quiere tener con sus hijos. ¿Qué relación quieren tener los padres con sus hijos? ¿Ponen condiciones para amarlos?

3. ¿Por qué crees que mucha gente no vive en comunión con Dios como él lo desea? ¿Por qué, a veces, nosotros mismos no vivimos en esa relación como debemos, si en verdad es lo más precioso que hay en el mundo?

PARA PROFUNDIZAR

1. Lean Lc 15.11-32. ¿Qué nos dice este pasaje acerca de Dios y nuestra relación con él? ¿En qué sentido hemos sido todos como el hijo menor de la historia?

2. Discutan el concepto que mucha gente tiene de Dios. ¿Concuerda ese concepto con lo que vimos en esta lección?

3. Si no conocen bien lo que contiene la Biblia, su pastor puede darles un resumen de su contenido.

4. Para poder manejar bien su Biblia, es bueno saber de memoria los nombres y el orden de los libros. Pónganse de acuerdo para una fecha en la cual podrán recitarlos o escribirlos de memoria.

3. Un buen discípulo de Jesucristo

¿Alguna vez te has imaginado lo que se sentiría haber vivido hace 2,000 años en Palestina, caminando al lado de Jesús y conociéndolo en persona? Sin duda, habría sido maravilloso escuchar sus palabras con tus propios oídos y ver sus milagros con tus propios ojos. Sin embargo, aunque nosotros no podemos hacer esto, hubo quienes sí lo hicieron: sus discípulos. Ellos tuvieron ese gran privilegio, no sólo de conocer a Jesús en persona y convivir con él, sino también de compartir lo que habían visto y oído con otros por el resto de sus días.

Antes de subir al cielo, Jesús les dio un mandato a sus discípulos. Aunque ya lo hemos leído, léelo otra vez en Mt 28.19-20.

Según este pasaje, Jesús quería tener muchos otros discípulos aparte de los primeros que anduvieron con él hace muchos siglos. De hecho, quiere que todo el mundo llegue a ser su discípulo. Quiere que todos le sigamos, que oigamos su Palabra y que caminemos con él. Aunque ya no está entre nosotros físicamente, está presente viviendo en nuestros corazones por medio de su Espíritu Santo. ¿Qué cosas son necesarias para ser su discípulo? Lee Jn 20.30-31 y Hch 16.31.

➤

¿Cuál es el primer elemento necesario para ser un discípulo de Jesús?

En verdad, no es fácil creer en Jesucristo como nuestro Señor y Salvador. De hecho, no lo podemos hacer por nuestras propias fuerzas. Es necesario que él haga nacer la fe en nosotros a través de su Espíritu Santo. Lee Lc 24.36-40 y Jn 20.19-29.

➤

¿Qué hizo Jesús para que los discípulos creyeran en él como Señor y Dios?

Por supuesto, hoy en día Jesús no se nos aparece en forma visible como lo hizo en aquella ocasión con sus discípulos. Pero nos permite experimentar su presencia de otras maneras. Nos habla a través de su Palabra, la Biblia, y también a través de otras personas, como el pastor, nuestros padres y familiares que lo conocen, y otros hermanos en la fe. Podemos percibir su presencia en nuestras vidas, y también en la vida de los que nos rodean. De éstas y otras maneras, Jesús nos dice: "Aquí estoy para ti. Yo estoy vivo, y quiero que me conozcas y te acerques más a mí." Así crea en nosotros la fe.

Sin embargo, Jesús no sólo quiere que creamos en él como Señor. Quiere que le sigamos. Lee Lc 9.23-24; 14.27.

➤

¿Qué pide Jesús de sus discípulos?

Para muchas personas, estas palabras suenan muy duras: negarse a sí mismo, tomar la cruz cada día. Ninguno de nosotros quiere sufrir, ni nos gusta tener que hacer grandes sacrificios. Pero lo que nos pide Jesús no es simplemente sufrir o hacer sacrificios; más bien, quiere que le sigamos. Seguirle significa permitir que él viva en nosotros.

Él daba su vida en todo momento, viviendo para los demás y no para sí mismo, dedicándose a servir a Dios y a otros. Si él vive en nosotros, nuestra vida será como la de él. Aunque no alcancemos la perfección, con su ayuda podemos crecer en el amor y la entrega a los demás. Lee Fil 3.8-14; 2 Ti 2.11-13; 1 Pe 2.21-24 y 1 Jn 3.14-16.

¿Qué dicen estos pasajes acerca de la vida de un discípulo de Jesucristo?

➤

Cuando Jesús dijo que el que pierde la vida por causa de él la ganará, lo que quizo decir es que si le entregamos nuestra vida, ganamos una nueva vida, mucho mejor que la que ofrece el mundo. Jesús quiere que le sigamos y seamos sus discípulos porque sabe que es lo mejor para nosotros; sólo así alcanzaremos la verdadera vida, que consiste en vivir en comunión con Dios y con los demás. En el bautismo, Jesús viene a nuestros corazones; pero lo que quiere es *vivir* en nuestros corazones, transformándonos en fieles discípulos suyos por su presencia (Gá 2.20).

1. ¿De qué manera ha creado Dios la fe en tu corazón? ¿Qué medios ha utilizado Jesús para hacerte experimentar su presencia en tu vida?

2. ¿Qué cosas debemos perder para ser discípulos de Jesucristo? ¿Qué ganamos a cambio? ¿Ganamos algo sólo en la vida venidera, o también en esta vida? Da algunos ejemplos.

3. ¿Por qué es imposible vivir en comunión con Dios y los demás si no nos negamos a nosotros mismos, y si no permitimos que Cristo viva en nosotros? ¿Es posible la comunión sin el amor? Explica tu respuesta.

PARA PROFUNDIZAR

1. Lean los siguientes pasajes, relacionándolos con lo que vimos en esta lección: Mt 7.15-23; 13.44-46; Jn 13.3-17; 14.12; Hch 20.35; Ef 2.8-10 y Stg 2.14-20.

2. ¿Cuáles son los obstáculos más grandes para creer en Jesucristo? ¿Cómo pueden ser superados?

3. ¿Por qué es tan difícil negarnos a nosotros mismos y entregarnos al servicio de Dios y los demás? ¿Qué ganamos al vivir así? ¿Qué perdemos cuando no vivimos así?

4. Se ha dicho que Cristo quiere reproducir su misma vida en nosotros. ¿En qué se debe parecer la vida de un discípulo a la vida de Cristo?

1. "Mi cuerpo y mi sangre, dados por ti"

Hay muchas formas de decirle a otra persona: "te quiero." Podemos simplemente decirlo con esas palabras. También podemos darle un regalo, como muestra concreta y palpable de nuestro cariño. Asimismo, comunicamos nuestro amor por otra persona cuando hacemos algo por ella, o cuando tomamos tiempo para estar a su lado y convivir con ella.

Nuestro Señor Jesucristo nos comunica su gran amor por nosotros a través de un rito muy especial, que instituyó unas horas antes de su juicio y muerte. Lee lo que hizo en Mt 26.26-29.

Previamente en nuestro estudio hemos notado que toda la vida de Jesús fue *por nosotros*. Esto es verdad también con respecto a su muerte y su resurrección. Murió *por nosotros* la muerte que todos merecíamos morir por nuestros pecados, y resucitó para poder vivir siempre *por nosotros*, compartiendo su amor y su nueva vida con nosotros. Una de las formas en que comparte ese amor y esa vida es a través del pan y el vino que recibimos en la Santa Cena.

Así como podemos expresar nuestro amor por otros simplemente con palabras, las palabras de Jesucristo nos comunican su amor asegurándonos algo muy importante. Lee Ro 5.8; 1 Co 15.3; Gá 2.20 y 1 Jn 1.7-9.

➤

¿De qué nos asegura Jesús en la Santa Cena?

Cuando realmente amamos a otra persona, estamos dispuestos a perdonarle cuando nos ofende o lastima, si nos lo pide. El perdón es necesario para renovar nuestra relación de amistad y cariño con esa persona. De la misma manera, cuando comulgamos, Jesús nos dice: "Te perdono y te acepto nuevamente para seguir siendo tu amigo y compañero."

Sin embargo, Jesús no sólo nos dice esto con sus palabras, "mi cuerpo dado por ti" y "mi sangre derramada para el perdón de tus pecados." Así como expresamos nuestro amor por otra persona de una manera concreta con un regalo, Jesús también nos ofrece una muestra concreta y palpable de su amor: el pan y el vino, que son como su *regalo* para nosotros. De esta manera, no sólo escuchamos sus palabras de amor y perdón, sino que recibimos algo visible y tangible como prueba de ello.

Nos gusta escuchar de otro las palabras, "te quiero," y recibir un regalo de él o ella. Pero las palabras y los regalos significan poco si la otra persona no muestra su amor de otra manera: pasando tiempo para convivir con nosotros, y haciendo algo por nosotros. Ya hemos comentado lo que Jesús ha hecho y sigue haciendo por nosotros para mostrarnos su amor; pero lo más hermoso es que Jesús mismo quiere *convivir* con nosotros, estando presente en nuestras vidas. Al decir que el pan de la Santa Cena *es* su cuerpo, y el vino *es* su sangre, Jesús nos está diciendo que al comulgar, estamos recibiéndolo *a él mismo*. Él está verdaderamente presente en el pan y el vino, que no sólo son símbolos de su presencia, sino. medios que él emplea para hacerse verdaderamente presente para nosotros. Lee 1 Co 10.16.

➤ *¿Qué nos dice este versículo del pan y el vino?*

Este versículo habla de una unión muy íntima entre Jesús y nosotros. Esto significa que realmente estamos unidos a Jesucristo; él vive en nosotros, y nosotros en él. Por eso, la Santa Cena también se llama Santa Comunión. ¡Qué regalo tan precioso nos ha dado!

1. Explica en tus propias palabras el significado de la Santa Cena. ¿Por qué crees que Jesús instituyó la Santa Cena?

2. ¿Qué tiene que ver el perdón con la comunión entre dos personas? ¿Por qué necesitamos recibir de Jesús el perdón si queremos vivir en comunión con él?

3. A través de nuestro cuerpo, vivimos, actuamos y nos relacionamos con otros en este mundo; a la vez, nuestra sangre es lo que da vida y anima nuestro cuerpo. ¿Qué significa, entonces, el hecho de que Jesucristo nos da su cuerpo y su sangre en la Santa Cena?

PARA PROFUNDIZAR

1. Lean Jn 6.35-58. ¿Qué aprendemos de este pasaje?

2. Los luteranos creemos que en la Santa Comunión, junto con el pan y el vino también recibimos el cuerpo y la sangre de Jesús. ¿Qué importancia y significado tiene esto para nosotros? ¿Por qué es importante afirmar que la Santa Comunión no es sólo un rito simbólico?

3. Su pastor o maestro puede hablar acerca de la comida pascual que los judíos celebraban, y que Jesús celebró con sus discípulos cuando instituyó la Santa Cena. También pueden leer Ex 12.1-28.

4. Otro nombre para la Santa Cena es Eucaristía, que significa acción de gracias. ¿Por qué se llama así? Pueden ver Mt 26.27.

2. Una comida comunitaria

Cuando celebramos una festividad como la Navidad o un cumpleaños, nos gusta sentarnos alrededor de una mesa con nuestros familiares y amigos para disfrutar de una comida especial. Difícilmente podríamos imaginarnos una celebración de este tipo sin comida; ni nos gustaría tampoco estar solos en una fecha tan importante. Lo que queremos es celebrar y compartir con otros nuestra alegría, comiendo y conviviendo todos juntos.

De la misma manera, la Santa Cena es algo que celebramos dentro de una comunidad de hermanos y hermanas en la fe, con la presencia especial de nuestro *hermano mayor* Jesucristo. Lee 1 Co 10.16-17.

➤ *¿Qué significa el hecho de que comemos todos juntos en la Santa Cena?*

Al instituir la Santa Cena, Jesús habló de una fiesta que algún día celebraremos todos los creyentes juntos con él. Lee Lc 22.13-18, 29-30.

➤ *¿De qué habla Jesús aquí?*

Lo que algún día será una realidad completa, lo es en parte ahora. Al comulgar, nos reunimos todos alrededor del altar para comer y beber juntos *la comida* que Dios nos da. Hemos notado previamente que Dios nos creó para que vivamos en comunión con él. Esta comunión, rota por nuestros pecados, ha sido restablecida nuevamente por Jesucristo, por su muerte y su resurrección. Perdonados delante de Dios gracias a él, ahora tenemos una nueva relación con Dios. Lee Ef 1.3-7; 2.12-19.

➤ *¿Qué dicen estos versículos acerca de lo que ha hecho Jesús?*

¿Qué dicen acerca de nuestra relación con Dios?

Estas palabras en Efesios no sólo hablan de la nueva relación que tenemos con Dios por medio de Jesucristo, sino de la nueva relación que tenemos con los demás. Estar unidos a Jesucristo significa ser aceptados como hijos por Dios nuestro Padre celestial; la presencia de Jesucristo en nosotros nos limpia de nuestro pecado, y nos transforma en nuevos seres humanos. Pero si cada uno de nosotros está unido a Jesucristo, también estamos unidos entre nosotros. Somos miembros de la misma familia, y formamos parte del mismo cuerpo: el cuerpo de Jesucristo, la iglesia. Por eso, ser cristiano no es sólo tener comunión con Dios, sino también con los demás. Todo esto es lo que hace Jesucristo en nosotros; y cuando comulgamos, manifestamos y fortalecemos nuestra unión con Jesucristo, con nuestro Padre celestial, y con nuestros hermanos en la fe.

Es obvio que hay una relación muy estrecha entre el Santo Bautismo y la Santa Comunión. Al ser bautizados, somos aceptados y llevados a una nueva relación con Jesucristo, lo cual resulta en una nueva relación con Dios y con los demás. Al comulgar, permitimos que Cristo mantenga vivas esas nuevas relaciones. Las cosas que hemos hecho para destruir nuestra comunión con Dios y los demás quedan perdonadas, y Jesucristo penetra de manera más profunda en nuestros corazones para seguir ayudándonos y fortaleciéndonos con su Espíritu Santo. Así como necesitamos comer para mantener vivo nuestro cuerpo, así también necesitamos alimentarnos con esta comida de Dios para mantener viva nuestra comunión con él y con nuestros hermanos.

En fin, con mucha razón hablamos de *celebrar* la Santa Comunión. Celebramos lo que Cristo ha hecho por nosotros para reconciliarnos con Dios y los demás, lo que hace en el presente para unirnos con nuestro Padre y nuestros hermanos, y lo que hará en el futuro, cuando nos reunirá alrededor de su mesa celestial para las festividades que nunca tendrán fin. De verdad, ¡tenemos mucho que celebrar!

1. El Nuevo Testamento afirma que, en un sentido, ya participamos del cielo en esta vida (ver, por ejemplo, Ef 2.6 y Col 1.13; 3.1-3). En base a lo que afirma esta lección, ¿en qué sentido podemos decir que lo que ocurrirá en el cielo ya ocurre también en el presente? ¿Qué tiene que ver con esto la Santa Comunión?

2. El pan que comemos en la Santa Comunión está hecho de muchos granos de trigo, y el vino de muchas uvas, ¿qué simbolismo tiene esto?

3. ¿Qué relación hay entre el Santo Bautismo y la Santa Comunión?

PARA PROFUNDIZAR

1. Lean los siguientes pasajes, relacionándolos con lo que vimos en esta lección: Hch 2.46; 20.7 y 1 Co 11.17-34.

2. La Iglesia Luterana permite que cada congregación determine la frecuencia con que celebra la Santa Comunión. Su pastor o maestro puede explicar la costumbre que existe en su congregación acerca de esto.

3. El hecho de que al comulgar manifestemos nuestra unión con nuestros hermanos en la fe significa que no se admite a cualquier individuo en la mesa del Señor. Su pastor o maestro puede explicar quienes son admitidos a la Santa Comunión en su congregación, y por qué.

4. Casi todas las iglesias insisten que todos sus miembros comulguen un cierto número de veces al año para poder seguir siendo miembros. ¿Por qué hacen esto? ¿Qué tiene esto que ver con el cuidado espiritual que la iglesia debe ofrecer a sus miembros?

3. Una buena preparación

Una buena celebración requiere de una buena preparación. Si vamos a festejar la Navidad o un cumpleaños, primero tenemos que hacer buenos planes, limpiar y adornar la casa, pasar algunas horas en la cocina preparando la comida, y comprar todo lo necesario para la celebración. Sin una buena preparación, nuestra celebración no resulta tan gozosa como debe ser.

Lo mismo sucede con la Santa Comunión. Cuando uno no se prepara bien para comulgar, no puede esperar mucho. Lee Sal 119.15-16; Hag 1.5; 1 Ti 2.8; Stg 5.16 y 1 Jn 1.9.

➤ *¿De qué manera debemos prepararnos antes de comulgar?*

Por supuesto, todas estas cosas, como la meditación en las Sagradas Escrituras y la oración, deben ser parte de tu vida en todo momento, y no sólo antes de comulgar. Pero aparte de tu vida devocional regular, debes meditar un poco en lo que vas a hacer al comulgar. Así, tu participación en la Santa Comunión tendrá más significado en tu vida. Al comulgar, Dios reafirma el perdón de tus pecados, y fortalece tu unión con su Hijo Jesucristo y con tus hermanos en la fe. Por lo tanto, debes examinarte: ¿Estás viviendo en la debida comunión con Jesucristo? ¿Estás amando a Dios y a los demás como debes? Ya que todos somos pecadores, sin duda tendrás que admitir que hay cosas en tu vida que necesitas enmendar. Por eso, antes de comulgar, meditamos en las faltas que hemos cometido contra Dios y contra los demás, y luego las confesamos. Esta confesión la podemos hacer estando a solas antes del culto (ya sea en casa o en el templo), y posteriormente durante el culto. En nuestra liturgia hay una confesión que todos los asistentes dicen juntos. Asimismo, no sólo pedimos perdón, sino que también le pedimos al Señor ayuda para mejorar nuestros caminos.

Aunque comulgar es un acto muy solemne y especial, no debes pensar que siempre vas a sentir emociones fuertes al comulgar. Sin duda, a veces uno puede sentirse muy conmovido espiritualmente; pero esto varía mucho de una persona a otra y de un momento a otro. La eficacia de la Santa Comunión no depende de nuestras emociones; sabemos que Cristo, a través de su Espíritu, está vivo y trabajando dentro de nuestros corazones, sintámoslo o no.

Así como la preparación es importante, también es importante lo que hagas después de comulgar. Al regresar a tu lugar, puedes hablar con el Señor en oración unos momentos, dándole gracias por su presencia y sus bendiciones en tu vida, y pidiéndole que siga acompañándote en tu diario caminar. Después del oficio, cuando vuelvas a tu hogar, no olvides lo que has hecho al comulgar. Sigue meditando en la presencia transformadora de Jesucristo en tu vida y tu corazón, para que él pueda seguir trabajando en ti y llenándote más con su gran amor por tu Padre celestial y por todo el mundo.

15

Toda la vida de Jesucristo fue de sacrificio, ofreciéndose a Dios y a los demás, y al unirte a él en la Santa Comunión, te mueve también a ofrecer tu vida a Dios y a los que te rodean. Lee Lc 9.23; Ro 12.1; He 13.15-16 y 1 Jn 3.16.

> *¿En qué se parece nuestro sacrificio al sacrificio de Jesucristo?*
>
> *¿Qué tiene que ver la Santa Comunión con esto?*

La Santa Comunión es un don preciosísimo que nuestro Señor Jesucristo, en su gran amor, nos ha dado; es el don de sí mismo, que nos limpia y nos transforma por dentro. Es un gran privilegio poder participar de este hermoso don. Por lo tanto, debemos valorarlo y aprovecharlo, comulgando con frecuencia y dándole la debida importancia en nuestra vida. Eso es lo que más le agrada al Señor: que recibamos lo que él en su amor nos ofrece.

1. ¿En qué consiste una buena preparación para recibir la Santa Comunión? ¿Por qué es tan importante?

2. Lee 1 Co 11.28. ¿Por qué crees que es importante seguir lo que aconseja San Pablo aquí? ¿Qué importancia tiene la confesión de pecados que hacemos antes de comulgar?

3. ¿Cuáles deben ser los efectos de la Santa Comunión en tu vida diaria?

PARA PROFUNDIZAR

1. Lean y comenten la confesión de pecados que contiene el orden litúrgico que usan en su congregación. ¿Qué relación tiene con la Santa Cena?

2. Lean Mt 5.23-24; Col 3.13 y 1 Jn 2.9-11. ¿Qué tiene que ver esto con nuestra preparación para comulgar? En muchas iglesias, antes de comulgar, todos los presentes se saludan fraternalmente, *compartiendo la paz*. Tomando en cuenta los pasajes que acabamos de leer, ¿por qué creen que nos saludamos con la paz antes de comulgar?

3. Esta lección afirma que, al comulgar, no siempre sentimos emociones fuertes (gozo, paz interior, etc.). Los que ya comulgan en la clase (incluyendo al pastor o maestro) pueden compartir con los demás sus experiencias en cuanto a esto. Los que todavía no comulgan pueden hablar de las expectativas que tienen.

4. En algunas iglesias luteranas, uno no debe comulgar hasta el día de su confirmación; en otras, uno puede comulgar antes de ser confirmado si recibe instrucción. Su pastor o maestro puede explicar cuál es la costumbre en su iglesia, y por qué existe esa costumbre.

Nuestro Dios maravilloso

1. "Todo lo que es mío es tuyo, y lo es tuyo es mío"

"¿Por qué el cielo es azul? ¿Por qué las plantas son verdes?" Es muy difícil para los padres contestar preguntas como éstas, que suelen hacer los niños pequeños. Aunque la ciencia puede ofrecer explicaciones para estos aparentes misterios, para la mayoría de nosotros, siguen estando más allá de nuestra comprensión. Hay muchas cosas en la vida que percibimos y observamos que no podemos explicar, pero a pesar de ello, sabemos que existen.

Así es con Dios. Aun cuando no lo podemos ver, y mucho menos explicar, el mundo que nos rodea nos indica que sí existe. Además, los cristianos creemos que él mismo se nos ha revelado de muchas maneras en la historia humana; pero la revelación más completa y perfecta nos ha venido por medio de su Hijo Jesucristo, que nació, vivió, murió y resucitó hace unos 2,000 años en la tierra de Palestina.

Jesús se dirigía a Dios de una manera muy especial. Lee Mr 14.36 para ver quién era Dios para él.

La palabra *Abba*, usada en algunas versiones de la Biblia, en realidad significa *Papá* en la lengua aramea que hablaba Jesús. Expresa una relación muy íntima y personal. Algunos pasajes del Nuevo Testamento describen esta relación entre Jesús y su Padre de una manera muy hermosa. Lee Jn 3.35; 10.30; 14.8-11; 17.21.

➤ *¿Qué nos dicen estos pasajes de la relación entre Jesús y Dios Padre?*

Una relación de amor entre dos seres humanos implica muchas cosas: cada uno se entrega al otro, compartiendo lo que tiene con él, procurando siempre su bienestar y su felicidad. Así es con Dios el Padre y Jesús, el Hijo de Dios. Lee Mt 28.18 y Jn 5.19, 26, 30; 7.16; 14.10, 24; 17.10.

➤ *¿Qué cosas comparten el Padre y el Hijo?*

El hecho de que Dios Padre y Dios Hijo comparten la misma vida, la misma voluntad, la misma gloria, y de hecho, *todas las cosas*, nos permite entender por qué Jesús dijo: "Yo y el Padre uno somos" (Jn 10.30). Dos personas, por más que se parezcan (inclusive si son gemelos) y por más que compartan lo que tienen, no pueden ser perfectamente *uno*, teniendo la misma vida, o la misma voluntad en todo momento. Pero ésa es la relación que hay entre el Hijo de Dios y su Padre. *Todo* lo que tiene el Padre, lo comparte con el Hijo. No tienen dos vidas, dos voluntades o dos glorias, sino una sola; pero, al mismo tiempo, es evidente que no son la misma persona, sino dos personas. Por eso, por ejemplo, el Hijo puede hablar con el Padre en oración y obedecer al Padre.

La Biblia también nos enseña otra cosa muy importante acerca de Jesucristo. Lee Jn 1.1-3; 8.58; 17.5.

➤ *¿Qué nos dicen estos pasajes de Jesús?*

Esta relación entre Dios Padre y Dios Hijo no comenzó cuando nació Jesús, sino que ya existía desde la eternidad, antes de la creación del mundo. Nunca existió Dios Padre sin Dios Hijo. Sin embargo, la Biblia habla del Hijo como *el engendrado* o *el nacido de Dios* (1 Jn 5.18). Esto significa que el Hijo tiene su origen en el Padre. La gloria que comparten tiene su origen en el Padre, y no en el Hijo; sin embargo, es la misma gloria, porque la comparten en su totalidad. Por eso, en un sentido, se puede decir que el Padre es *mayor* que el Hijo (Jn 14.28), porque sólo el Padre es la fuente y el origen de todo; pero, en otro sentido, el Padre y el Hijo son uno solo, porque el Padre comparte *todo* lo que es y *todo* lo que tiene con su Hijo.

¿Un misterio difícil de entender? Sin duda. Pero a la vez esta unión perfecta entre Dios Padre y Dios Hijo es algo muy hermoso que no deja de conmovernos. ¡Qué relación tan maravillosa es ésta!

1. Lee Jn 20.17. ¿Por qué no dijo Jesús simplemente "nuestro Padre"?

2. Lee y comenta la primera parte del segundo artículo del Credo Niceno, (pág. 96) hasta donde dice "por quien todas las cosas fueron hechas".

3. ¿En qué sentido podemos decir que el Padre es mayor que el Hijo? ¿En qué sentido no es mayor? ¿Tiene el Padre mayor poder, mayor gloria o mayor sabiduría que el Hijo? Explica tu respuesta.

PARA PROFUNDIZAR

1. Lean Jn 1.1; 20.28; Ro 9.5; Tit 2.13; 2 Pe 1.1 y 1 Jn 5.20. ¿A quién se refiere la palabra *Dios* en estos pasajes? ¿Por qué creen que, con pocas excepciones, la Biblia sólo se refiere al Padre como *Dios*?

2. Lean 2 Co 4.4; Col 1.15 y He 1.3. ¿Qué palabra usan estos pasajes para hablar de Cristo? ¿Qué idea expresa esa palabra? (El ejemplo de un espejo puede ser útil aquí.)

3. Algunos niegan que el Hijo de Dios es verdaderamente Dios. Según Jn 5.18, ¿qué quería decir Jesús al afirmar que era Hijo de Dios: que era menos que Dios o igual a él? Discutan lo que creen estos grupos, y por qué no estamos de acuerdo.

4. Siendo nosotros *hijos de Dios*, ¿en qué podemos parecernos a Cristo? ¿En qué no podemos ser iguales que él? ¿Qué palabra emplea Ef 1.5 para señalar la diferencia entre nosotros y el Hijo eterno de Dios?

2. Tres en uno

Para nosotros, hay pocas cosas más importantes en la vida que nuestra familia. Ser miembro de una familia unida en la que todos se aman y se ayudan mutuamente es motivo de gran alegría y satisfacción; el no tener una familia así puede causar tristeza y desilusión.

Aunque en nuestro estudio ya hemos hablado de Dios Padre y Dios Hijo, falta un miembro de la *familia divina*: el Espíritu Santo. El Espíritu Santo también es Dios; por eso se le llama a veces *el Espíritu de Dios*. Él tiene una relación muy especial con el Padre y el Hijo. Lee Jn 15.26; 16.14-15; Lc 10.21; Hch 10.38; Gá 4.6 y He 9.14.

➤ *¿Qué dicen estos pasajes acerca del Espíritu Santo?*

Según estos pasajes, dentro de las relaciones entre el Padre y el Hijo, hay dos tipos de movimiento del Espíritu Santo. Por una parte, el Padre envió al Espíritu Santo sobre el Hijo en su bautismo (en forma de paloma), y desde ese momento el Espíritu permaneció con Jesucristo (Jn 1.29). Por otra parte, el Espíritu mueve al Hijo a ofrecerse al Padre, a adorarlo y servirle. Podríamos decir que el Espíritu Santo comunica el amor del Padre al Hijo, y el amor del Hijo al Padre. Lee Ro 8.6; 15.30; 2 Co 13.14; Ef 4.3; Fil 2.1 y 1 Ts 1.6.

➤ *¿Qué cosas se asocian con la actividad del Espíritu Santo en estos pasajes?*

Dentro de la vida de Dios, el Espíritu Santo es todo esto: amor, comunión, vida, gozo, paz, entrega. Es como la *chispa* que *da calor* a la relación entre el Padre y el Hijo; por eso, a veces se le asocia con el fuego en la Biblia (Mt 3.11; Hch 2.2-4). Está en constante movimiento, como el viento, que es otro concepto relacionado con el Espíritu Santo (Jn 3.8; de hecho, *espíritu* originalmente significa *viento* o *soplo de aire* en las lenguas griega y hebrea). Nunca descansa de su actividad en su afán por compartir el amor ferviente que es su misma naturaleza.

Sin embargo, esto no significa que el Espíritu Santo es una especie de fuerza impersonal. Lee Jn 14.26; Hch 8.29; 13.2; 20.28 y Ef 4.30.

➤ *¿Hablan estos pasajes del Espíritu Santo como una fuerza impersonal, o como una persona, distinta del Padre y del Hijo?*

Siendo una persona, así como el Padre y el Hijo lo son, el Espíritu Santo tiene su propia personalidad. Ya hemos visto las características de su personalidad: amor, entrega, comunión, gozo, paz, fuego, actividad constante. Sin embargo, podemos decir del Espíritu Santo que, igual que el Hijo, posee todos los atributos divinos.

Lee Is 11.2; Ro 1.4; 15.19 y 1 Pe 4.14.

➤ *¿Qué características comparte el Espíritu Santo con el Padre y el Hijo?*

Ya que el Espíritu Santo comparte la misma vida, la misma voluntad, la misma gloria y muchas otras características con el Padre y el Hijo, es obvio que con ellos forma una sola realidad. Por una parte, son tres personas distintas; pero no tienen tres vidas, tres voluntades o tres glorias, sino una sola, porque están perfectamente unidos. Todo es de los tres, y no hay nada que tenga uno que no tengan también los otros dos. Por eso, usamos la palabra *Trinidad* para hablar de Dios. *Trinidad* significa *tres en uno*. Dios es tres, pero a la vez uno solo.

San Juan afirma que *Dios es amor* (1 Jn 4.8). Esto es verdad, no sólo en relación a nosotros, sino dentro de Dios mismo. Padre, Hijo y Espíritu Santo forman un círculo de amor infinito e interminable; cada uno, a su manera, se entrega a los otros dos, compartiendo todo lo que tiene con ellos, saliendo fuera de sí para realizar la unión más íntima que puede existir.

Por más unida que sea una familia humana aquí en la tierra, no puede alcanzar el mismo grado de unión que existe dentro del Dios Trino. Nuestro Dios es un círculo de amor intenso que nunca acaba. ¡Como no nos vamos a maravillar ante un Dios tan admirable!

1. ¿Qué hace el Espíritu Santo dentro de la Santísima Trinidad? Compara lo que hace allí con lo que hace en nosotros.

2. Ya que la palabra Trinidad no aparece en la Biblia, algunos creen que no es correcto usarla. ¿tú que piensas? ¿Crees que expresa una verdad bíblica, aunque no aparece en la Biblia?

3. Se ha dicho que si Dios fuera una sola persona (y no tres), no podría ser un Dios de amor. ¿Qué piensas al respecto? ¿Es posible que un individuo totalmente aislado muestre amor? Explica tu respuesta.

PARA PROFUNDIZAR

1. Lean 2 Co 3.17 y Jn 14.16-18. Comenten sobre las palabras "volveré para estar con ustedes" al final del segundo pasaje. ¿Qué afirman estos pasajes acerca de la relación entre el Señor Jesucristo y el Espíritu Santo?

2. Lean Ex 3.2-6. ¿En qué sentido el Dios trino es como un fuego que arde sin jamás apagarse ni consumirse?

3. Lean Dt 6.4 y Gá 3.20. Muchos no cristianos afirman que nosotros en realidad creemos en tres dioses, y no en uno solo. ¿Cómo responderían a esto?

4. Lean y comenten el Credo de Atanasio (pág. 96).

3.   Un amor que no cabe en sí

Cualquier persona con experiencia en la cocina sabe que si pone a calentar una olla con leche, necesita tener cuidado. Una vez que empieza a hervir, la leche crece y se expande, y si uno no está atento para apagar o bajar la llama, se derrama por toda la cocina.

Algo semejante ocurrió también con Dios. El amor intenso, *hirviente* entre Padre, Hijo y Espíritu Santo movió a Dios a querer expandir y extender su círculo de amor. Quería compartir su vida, su gloria, y todo lo que tiene con otros seres. Y con ese fin, creó nuestro mundo. Lee Gn 1.1-2; Jn 1.1-3 y 2 Pe 3.5.

➤ *¿En qué vemos la actividad del Padre, del Hijo (que es el Verbo, o la Palabra) y el Espíritu Santo en estos pasajes?*

El libro de Génesis dice que cuando Dios creó el mundo, "vio todo que todo lo que había hecho estaba muy bien" (1.31). La creación llenó a Dios de gran satisfacción y alegría, y sintió un profundo amor hacia todo lo que había creado. De hecho, Génesis da a entender que Dios *caminaba* con los seres humanos que había creado (3.8). Le daba gusto convivir con los hijos que había traído a la existencia.

El gran amor de Dios por la humanidad está reflejado en algunas otras cosas que hizo. Lee Gn 1.28-30; Sal 8.5-8; 24.1 y Ex 19.5.

➤ *¿Qué dicen estos pasajes de Dios, la creación, y la humanidad?*

A primera vista, el hecho de que Dios entregue a los seres humanos toda la creación (como en los primeros dos pasajes), y a la vez afirme que toda la tierra es suya (como en los últimos dos), podría parecernos una contradicción. Pero lo que vimos en las lecciones anteriores nos ayuda a entender esto. Así como el Padre, el Hijo y el Espíritu Santo comparten todo, de modo que todo lo que tiene el Padre es también del Hijo y del Espíritu Santo, de la misma manera, Dios quería compartir todo con nosotros. Al entregarnos toda la creación, quería entregarnos también a sí mismo. De esta manera, todo seguiría siendo de él, pero también todo sería nuestro. Habría una comunión muy íntima entre Dios y nosotros, parecida a la que hay entre las tres personas divinas (aunque, por supuesto, no idéntica, pues lo creado nunca puede ser igual que el Creador).

Es importante recordar que Dios no sólo quería tener comunión con cada uno de los seres humanos que creó, sino que también quería que éstos vivieran en comunión unos con otros. Un padre de familia que ama a sus hijos no quiere que haya divisiones entre sus hijos; en un hogar así no puede reinar la paz, el amor y la armonía. De la misma manera, no podemos tener comunión con Dios si no estamos unidos entre nosotros mismos; ¿qué clase de unión sería ésa?

Una de las enseñanzas más importantes dentro de la Iglesia

Luterana es que el amor del Dios que nos creó es totalmente gratuito; nada podemos hacer para ganarlo o merecerlo. Lee Is 49.15 y la primera parte de 1 Jn 4.10.

➤ *¿Qué nos dicen estos pasajes acerca del amor de Dios?*

¿Puede un niño ganar o merecer el amor de su padre o su madre? ¡Por supuesto que no! Un buen padre o una buena madre ama a sus hijos pase lo que pase, simplemente porque son sus hijos. Su amor es totalmente incondicional. Por supuesto, esperan que sus hijos correspondan su amor, pero los aman aun cuando no lo hagan. Así es también con Dios: ¡no podemos ganar o merecer su amor, porque ya lo tenemos! Su amor no pone condiciones; aunque busca una respuesta para que haya comunión, no podemos perder el amor de nuestro Padre celestial aun cuando pecamos, ni podemos ganar ese amor con nuestras buenas acciones. Su amor es totalmente gratuito, depende únicamente de él, y no de nosotros.

El rey David escribió en el Salmo 23: "...has llenado mi copa a rebozar." En verdad, lo que Dios nos ha dado al crearnos es como una copa que rebosa, así como el amor de Dios que tampoco cabía en sí. ¡Qué grande es ese amor!

1. Lee Jn 3.35 y 1 Co 3.21-23. ¿En qué se parece la relación que existe entre Padre, Hijo y Espíritu Santo con la relación que Dios quiere tener con nosotros?

2. Lee 1 Jn 4.20. ¿Por qué no es posible vivir en comunión con Dios si uno no busca la comunión también con otros, mostrándoles amor?

3. Explica en tus propias palabras por qué no es posible ganar o merecer el amor de Dios.

PARA PROFUNDIZAR

1. Lean Gn 1.26. ¿Qué posible relación hay entre este versículo y la Santísima Trinidad?

2. Lean Ro 8.29 y 2 Co 3.18. Relacionen estos pasajes con el que acaban de leer (Gn 1.26). ¿A quién debemos parecernos? ¿De qué manera debemos parecernos a él? ¿Qué tiene que ver con esto la idea de ser *hijos de Dios*?

3. Lean 1 Co 15.28 y Ap 21.3. ¿Cumplirá Dios su propósito original en nosotros?

4. Lo que enseñan muchos científicos acerca de la evolución no concuerda con lo que dice la Biblia. Discutan este problema con la ayuda de su pastor o maestro.

El problema del pecado 4

1. Una ruptura dolorosa

La ruptura de cualquier relación importante en nuestras vidas siempre es motivo de profundo dolor y tristeza. Los que han experimentado una separación conyugal, un divorcio, o inclusive la terminación abrupta de una amistad o un noviazgo prolongado, saben que las heridas emocionales tardan muchísimo en sanarse.

Según la Biblia, hubo una ruptura de este tipo entre Dios y los seres humanos creados por él. Dios los había creado libres, ya que quería que lo amaran, como él los amaba a ellos. El verdadero amor no puede ser algo obligado o forzado, pues entonces ya no sería amor; el amor se vive y se manifesta espontáneamente en la libertad. Lee Gn 2.15-17; 3.1-19.

➤ *¿Qué narran estos pasajes?*

Cuando Dios dijo, "ciertamente morirás," sus palabras no fueron tanto una amenaza de castigo, sino más bien una advertencia. La muerte la debemos entender no sólo en el sentido físico o corporal; de hecho, ese mismo día no murieron corporalmente Adán y Eva. La muerte es una realidad más profunda: es la separación de Dios. Ya que Dios es vida, al separarnos de él, morimos, esto es, nos privamos de la verdadera vida. Esta separación de la fuente de vida lleva a la muerte física también. Lee Ef 2.1; 4.18 y 1 Ti 5.6.

➤ *¿Cómo nos ayudan estos pasajes a definir la muerte?*

El resultado del pecado de Adán y Eva fue que ya no podían seguir viviendo ante la presencia de Dios. En la vida de muchos de nosotros, a veces la presencia de otra persona se nos hace insoportable, cuando constantemente nos ofende y nos hiere con sus palabras y acciones. Tenemos que alejarnos de ella, aun cuando la sigamos amando. Así ocurrió con Dios. Tuvo que alejar a Adán y Eva de su presencia, porque en realidad una separación ya había ocurrido.

Esta separación tuvo consecuencias, no sólo para los primeros seres humanos, sino también para todos sus descendientes. Un mundo separado de Dios, que es la vida misma y el bien en su esencia, sólo puede quedar lleno de muerte y de muchos males. Lee Ro 1.28-32; 7.19-21 y Stg 4.1.

➤ *¿Cuáles son los efectos del pecado en nuestro mundo?*

Estos pasajes hablan de diferentes rupturas. Aparte de la ruptura entre la humanidad y Dios, también hay una ruptura entre la humanidad y la creación. Según San Pablo, la creación *se queja* y *sufre* (Ro 8.22) por eso, hay muchos males en la naturaleza que nos afectan y nos oprimen. Otra ruptura ocurrió en las relaciones entre los seres humanos; nos peleamos y nos dividimos, tanto como individuos como como grupos, de modo que no hay paz, comunión y armonía entre nosotros. También existe una ruptura dentro de cada uno de nosotros, como la que describe San Pablo: (Ro 7.14-23) traemos el mal por dentro, que no nos deja en paz ni nos permite vivir felices, sino que nos domina y controla. Y el resultado de todo este mal es el dolor, el sufrimiento y la muerte en nuestro mundo.

¡Qué trágica es nuestra situación! Creados para vivir en la comunión más hermosa y perfecta con Dios, por nuestro pecado vivimos separados de Dios en un mundo lleno de discordia, divisiones y dolor. Esto no es lo que Dios quería. Pero, a pesar de esta situación, Dios no nos abandonó; siguió trabajando para cambiarla, como veremos más adelante.

1. ¿Por qué es la muerte la consecuencia del pecado? ¿En qué consiste la muerte, tanto en el sentido espiritual como en el sentido corporal?

2. Lee 2 Ts 1.9. Según este pasaje, si uno vive y muere separado de Dios en este mundo, ¿qué pasa por toda la eternidad?

3. Menciona algunos ejemplos y consecuencias de los tres tipos de ruptura que señalamos: entre la humanidad y la creación, entre los mismos seres humanos, y en el interior de cada individuo. En cada caso, ¿por qué esa ruptura produce dolor en nuestras vidas?

PARA PROFUNDIZAR

1. Lean Jn 8.44; Ef 6.12; Stg 2.19; 1 Pe 5.8 y Ap 12.9. ¿De quiénes hablan estos pasajes? ¿Qué hacen? ¿Debemos culpar sólo a estos poderes por el mal en nuestro mundo, o tienen la culpa también los seres humanos? Expliquen su respuesta.

2. ¿Por qué creó Dios a los seres humanos con una voluntad libre, y por lo tanto, con la posibilidad de caer? Si lo que Dios deseaba era la comunión con la humanidad, ¿podía haber comunión sin voluntad libre? Expliquen su respuesta.

3. Discutan la doctrina sobre el infierno. ¿En qué consiste? ¿Creen que a Dios le agrada condenar a los que se oponen a él y se niegan a vivir en comunión con él y con otros? ¿Por qué lo tiene que hacer?

4. Lean Jr 2.13, 19. ¿Qué tienen que ver estos versículos con lo que vimos en esta lección?

2. El amor exigente de Dios

Ser hijo o hija dentro de una familia significa sujetarse a ciertas reglas. Los padres les ponen límites a sus hijos, diciéndoles lo que deben y no deben hacer en ciertos momentos y situaciones. Lo que los motiva no es un deseo de dominar ni oprimir a sus hijos, sino de hacerles bien. Dios también nos ha dado ciertas reglas y mandamientos a través de su ley. Nos dice lo que debemos y no debemos hacer. Lee Dt 4.40; 6.3-7 y Mt 22.37-40.

➤ *¿Qué nos manda Dios?*

¿Cuál es el resultado de obedecerle?

Así como nuestros padres nos ordenan ciertas cosas para nuestro propio bien, su gran amor es lo que motivó a Dios a darnos su ley. Lo que exige sobre todo es que lo amemos a él y a nuestro prójimo. Como su mayor deseo es que vivamos en comunión con él y con los demás, nos pide amar, porque el amor es la base indispensable para la comunión. Esto nos ayuda a entender mejor en qué consiste el pecado: el pecado no es otra cosa que la falta de amor. El que no ama, peca. Lee Mt 25.41-46.

➤ *¿Condenó Jesús a éstos por lo que hicieron, o por lo que no hicieron?*

Mucha gente cree que si no lastiman ni agreden a nadie, no han pecado. Pero es un error pensar así. Tal vida no agrada a Dios, porque todavía falta el amor; una vida así no produce comunión ni con Dios ni con el prójimo. Lo que nos pide Dios no es sólo abstenernos de hacer el mal, sino hacer el bien con amor. Sólo así puede haber comunión y armonía.

Cuando Dios pide que le obedezcamos, debemos recordar que no sólo quiere nuestra obediencia, sino algo mucho mayor: nuestro amor. Un padre no se complace en su hijo cuando éste le obedece de mala gana, quejándose y poniendo resistencia. De la misma manera, Dios no se contenta con nuestra obediencia si no vivimos con amor. Al mismo tiempo, tampoco puede haber amor sin obediencia. ¿Cómo vamos a decirle a Dios: "Te amo, pero no te voy a obedecer"? Eso sería una contradicción. Lo que Dios desea no es ni obediencia sin amor, ni amor sin obediencia, sino un amor que se manifiesta a través de nuestra obediencia a su voluntad.

Pero Dios no sólo nos *pide* que le obedezcamos; nos lo *exige*. Lee Ex 34.14 y Dt 5.32.

➤ *¿Qué nos dicen estos pasajes acerca de Dios?*

Cuando decimos que alguien es celoso, significa que insiste en imponer su voluntad y que no permite que uno tenga tratos con otras personas. Aunque en los seres humanos, los celos muchas veces son malos, con Dios no es así. Dios sabe que si nos apartamos de él y nos negamos a vivir en comunión con él, lo único que nos espera es el sufrimiento y la muerte. Cuando no practicamos el amor, lastimamos a nuestro prójimo y a nosotros mismos. Por eso, y porque Dios nos ama con todo su corazón, nos *prohibe terminantemente* que pequemos y así lastimemos a otros y a nosotros mismos, y nos *manda* y *exige* con toda insistencia que practiquemos el amor. Se vuelve celoso cuando no le obedecemos, porque no puede admitir que le seamos infieles; Dios sabe que fuera de él no hay ningún bien para nosotros, sino sólo muchos males. Por eso nos exige amor y obediencia.

Muchas veces creemos que ciertas cosas son malas sólo porque Dios las prohibe. Pero en realidad es al revés: Dios nos prohibe muchas cosas porque sabe que son malas para nosotros. El pecado es una fuerza destructiva que destruye nuestra felicidad y la felicidad de nuestro prójimo, a quien Dios también ama. Él sabe lo que es mejor para nosotros; por eso, en su gran amor, nos ha dado sus leyes y mandamientos; no para ponernos una carga, sino una guía.

1. ¿Qué le dirías a una persona que no lastima a nadie, pero que tampoco ayuda a nadie? ¿Está pecando? Explica tu respuesta.

2. Relaciona los siguientes conceptos entre sí: amor, comunión, ley, obediencia, y pecado.

3. Mucha gente cree que el pecado es en un sentido *bueno*, ya que lo asocian con el placer y la diversión; incluso, a veces afirman que Dios no quiere que nos divirtamos ni la pasemos bien. ¿Cómo responderías a esto, tomando en cuenta lo que dice el último párrafo de esta lección?

PARA PROFUNDIZAR

1. Lean los 10 mandamientos en Ex 20.1-17. Para cada mandamiento, explica: 1. por qué Dios lo dio; 2. por qué es para nuestro propio bien y para el bien de otros, a quienes Dios también ama.

2. Repasen el contexto dentro del cual Dios dio la ley a Israel. ¿Les dio la ley *antes* de hacerlos su pueblo, o *después*? Según esto, ¿es la ley una condición puesta por Dios para amarnos, o la consecuencia de su amor incondicional?

3. Los israelitas no usaban la palabra *ley* para referirse a los mandamientos que Dios les dio, sino *Torá*, que significa *guía* o *instrucción*. Lean Sal 119.33-35, 72, 97-98. ¿Por qué dice el salmista estas cosas acerca de la ley?

4. Generalmente distinguimos entre pecados de comisión y pecados de omisión. Su pastor o maestro puede explicarles la diferencia. En su opinión, ¿cuáles son más comunes?

3. La ley en tu vida diaria

A casi nadie le gusta dar un examen. La preparación es laboriosa, pues requiere de mucho tiempo y esfuerzo. Sin embargo, aunque no nos gusten, sabemos que son para nuestro bien. A través de esa preparación, muchas cosas importantes nos quedan grabadas en la mente. Asimismo, el examen nos ayuda a medir nuestro progreso y ver en qué areas necesitamos mejorar.

La ley que Dios nos ha dado sirve para lo mismo. En la Iglesia Luterana, enseñamos que la ley tiene tres usos principales: como freno, como espejo, y como regla. Lee Dt 28.20; Is 13.11 y Gá 5.19-21.

➤ *¿Qué promete Dios para los que se niegan a obedecerlo?*

Dios no puede tolerar la maldad. Dejar que la maldad se extienda sin hacer nada no ayuda a nadie, sino que sólo hace más daño. Por eso, Dios castiga la maldad. No la puede tolerar ni en la tierra ni en el cielo, y por lo tanto, reprende y condena a los que se aferran a la maldad sin arrepentirse. Todos, en algún momento, experimentamos tentaciones muy fuertes en nuestras vidas que no son fáciles de vencer. Pero cuando recordamos que ciertas cosas traen como consecuencia la condenación de Dios, nos damos cuenta que no hay que ceder a la tentación. En este respecto, la ley de Dios sirve para *frenar* el pecado en nosotros y en nuestro mundo.

La ley también es como un espejo. Lee Ro 3.20; 7.7.

➤ *¿En qué sentido es la ley como un espejo?*

Se dice que los espejos no mienten. Nos muestran nuestros defectos y nos indican qué cambios tenemos que hacer en nuestra apariencia. Así es la ley de Dios. Nos muestra que somos pecadores, que no podemos cumplir en su totalidad la voluntad de Dios.

La ley también nos permite distinguir entre lo bueno y lo malo. Lee Is 5.20 y Lc 16.15.

➤ *¿Qué pecado describen estos pasajes?*

La palabra *amor* es muy general y hasta ambigua. En diversos momentos, la gente justifica cosas malas como la mentira, el robo, el adulterio, y la violencia diciendo que su motivación es buena y nace del amor. Pero no debemos justificar nuestras acciones malas diciendo que son buenas. Por lo general, la ley de Dios nos dice muy claramente qué es bueno y correcto, y qué no es. En este sentido, es una *regla* que nos permite medir y juzgar nuestras acciones, y saber si realmente estamos practicando o no el amor por Dios y el prójimo. Por supuesto, hay ciertas cosas que la Biblia no ordena ni prohíbe expresamente, pero aun en estos casos, nos ofrece ciertas pautas y normas que nos ayudan a determinar si algo es bueno o no.

Por supuesto, no tiene mucho sentido reconocer nuestros defectos si no los vamos a corregir. Sin duda, esto no es fácil. Lee 2 Co 12.9-10; Ef 4.22-24 y Fil 4.13.

➤ *¿Qué nos enseñan estos pasajes?*

Sabemos que nadie es perfecto; por más que tratemos de poner en práctica lo que Dios nos ordena, seguiremos fallando mucho. Pero hay dos cosas que Dios nos pide recordar: primero, que él siempre está dispuesto a perdonarnos cuando sinceramente se lo pedimos; y segundo, que no estamos solos. En nuestro bautismo, el Señor Jesucristo hizo su morada en nosotros, y comparte con nosotros el Espíritu Santo. Él nos pide que permitamos que él nos cambie y transforme a través de su Espíritu. Lo que no podemos hacer nosotros mismos, él lo puede hacer en nosotros. Él nos mueve a querer hacer lo bueno, y su poder nos permite hacerlo.

1. Explica cómo la ley de Dios puede ser un freno, un espejo, y una regla para ti en tu vida diaria.

2. ¿Qué cosas justificamos a veces en nombre del bien o del amor? ¿Crees que hubiera sido suficiente que Dios sólo nos hubiera mandado amar sin especificar más? Explica tu respuesta.

3. ¿Qué debemos hacer cuando nos sentimos tentados a hacer algo que Dios no desea?

PARA PROFUNDIZAR

1. Lean Ro 7.15-25. ¿Compartimos todos el mismo problema que San Pablo? ¿De qué sirve la ley? ¿Cómo podemos superar este problema?

2. Lean y comenten 1 Co 10.13; He 2.17-18 y Stg 1.12-14. ¿Qué dicen estos pasajes acerca de las tentaciones y pruebas, y cómo vencerlas?

3. Hay personas que cuando enfrentan alguna tentación, piensan: "Voy a hacer esto, aunque sé que es pecado, pues después le puedo pedir perdón a Dios y él me perdonará." ¿Es correcto pensar así? Previamente hemos notado que el pecado es una fuerza destructiva, y es malo para nosotros. Recordando esto, ¿por qué no nos conviene pensar que podemos pecar sin preocuparnos, porque Dios luego nos perdonará?

4. Discutan la importancia del Santo Bautismo y la Santa Comunión en relación con lo que vimos en esta lección.

1. Dios con nosotros

¡Qué difícil es ver sufrir a alguien a quien amamos! En esos momentos, queremos estar con esa persona para acompañarla y darle consuelo. Sentimos su dolor como si fuera nuestro, y haríamos cualquier cosa por aliviarle sus penas.

Sin duda, así se sintió Dios al ver cómo los seres humanos, por haberlo abandonado, sufrían todas las consecuencias del pecado. Cuando el mundo se llenó de odio, discordia, violencia, sufrimiento, muerte, y muchos otros efectos del mal, su amor por nosotros no le permitió quedarse sin hacer nada. Decidió él mismo entrar en nuestro mundo, para acompañarnos y ayudarnos. Lee Mt 1.18-25.

➤

¿Qué significa el nombre Jesús?

¿Qué significa Emanuel?

Aunque Emanuel no fue el nombre propio de Jesús, ese título expresa algo muy importante: Dios mismo ha venido a habitar entre nosotros por medio de su Hijo, y lo ha hecho para salvarnos de nuestros pecados, para que podamos vivir en paz y comunión con él y los unos con los otros.

Es difícil entender cómo el Hijo del Dios, eterno y todopoderoso, pudo llegar a ser un ser humano igual a nosotros. Sin embargo, sabemos que para el Creador de todo lo que existe, nada es imposible. Él se hizo tan humano como nosotros, asumiendo no sólo un cuerpo humano, sino un alma y una mente humanas, también. En diversos momentos de su vida, leemos que Jesús sentía todo lo que nosotros sentimos: alegría, dolor, tristeza, y angustia. Sin embargo, hubo una diferencia entre Jesús y nosotros. Lee 1 Pe 2.21-23 y He 4.15.

➤

Según estos pasajes, ¿en qué se pareció Jesús a nosotros?

¿En qué fue diferente?

Jesús fue el tipo de ser humano que Dios siempre había querido. En todo lo que dijo e hizo, mostró un profundo amor por Dios y por todos los demás. Toda su vida fue de entrega, de preocupación por el bienestar de su prójimo, y de servicio. Y no sólo vivió él así, sino que también enseñó a los demás a vivir así, invitándolos a seguir su ejemplo. ¡Imagínate cómo sería nuestro mundo, cómo sería nuestra sociedad y nuestras familias, si todos viviéramos como él, poniendo en práctica lo que él nos enseñó!

El tema principal de la enseñanza de Jesús fue el reino de Dios. Según Jesús, lo que Dios desea es reunir a todos los seres humanos en su reino. Lee Mt 5.1-12; 6.33, Lc 17.20-21 y Col 1.13.

➤ ¿Qué dicen estos versículos acerca del reino de Dios?

Jesús no sólo quiere que vivamos en ese reino en el futuro, sino también ahora. Aunque sabemos que ese reino no será establecido en su plenitud hasta que venga Jesús por segunda vez en toda su gloria, podemos comenzar a participar en él ahora al permitir que Jesús nos vaya transformando a través de su Palabra y de su presencia entre nosotros.

Con ese fin, el Hijo de Dios vino a hacer su morada entre nosotros. Así como nació una vez en Belén, ha nacido en nuestros corazones por nuestro bautismo. Quiere estar *con* nosotros y *en* nosotros, no sólo para acompañarnos y consolarnos, sino también para cambiarnos e ir venciendo al mal en nosotros y en nuestro mundo. La transformación completa y perfecta que ocurrirá algún día ya ha comenzado a hacerse realidad, como una masa enleudada que empieza a crecer. Al estar Dios mismo presente entre nosotros, nada puede quedar igual.

1. ¿Con qué fin se hizo hombre el Hijo de Dios?

2. En tu opinión, ¿hasta que punto es posible que uno viva como Jesús y se parezca a él, imitando su ejemplo y poniendo en práctica lo que él enseñó?

3. ¿En qué consiste el reino de Dios? ¿Es ese reino sólo una realidad futura, o también una realidad presente? Explica tu respuesta.

PARA PROFUNDIZAR

1. Lean los siguientes pasajes y discutan lo que dicen acerca del propósito de la encarnación del Hijo de Dios: Jn 1.14; 6.50-51; 12.46; 2 Co 8.9 y Gá 4.4-5.

2. El último pasaje que acaban de leer (Gá 4.4-5) dice que Dios envió a su Hijo en el "cumplimiento del tiempo". ¿Por qué creen que Dios eligió enviar a su Hijo a la tierra de Palestina hace 2000 años, en lugar de enviarlo al mundo en alguna otra época de la historia humana, o a algún otro lugar sobre la tierra?

3. ¿De qué manera sigue estando presente Jesús entre nosotros como "Emanuel" después de su resurrección?

4. ¿Qué debemos entender por *reino de Dios*? Describan las características de ese reino. ¿Hasta qué punto es posible participar desde ahora en ese reino?

2. Por amor a nosotros

Hay pocas cosas más frustrantes que una mancha que no quiere salir. A veces, por más que usemos toda clase de limpiadores, las manchas no desaparecen.

Según la Biblia, nuestro pecado es como una mancha que no podemos quitar. Por más que tratamos de vivir mejor y cambiar nuestra forma de ser, no lo logramos. El pecado es una fuerza dentro nuestro que nos tiene esclavizados; y aunque a veces logramos librarnos de sus cadenas en algunos momentos, tarde o temprano volvemos a caer, ofendiendo a Dios, y lastimando a los que nos rodean. El resultado de ese pecado es siempre el mismo: nos alejamos de Dios, echando a perder nuestra relación con él y con nuestro prójimo. Lee Sal 51.1-9.

➤ *¿Qué dice este pasaje de nuestro pecado?*

Sólo Dios puede perdonarnos, lavarnos y librarnos de nuestro pecado. Para esto, envió a su Hijo Jesucristo. Al hacerse humano como todos nosotros, Jesús participó de nuestra condición caída, haciéndose solidario con nosotros. Como todos morimos debido al pecado, Jesús también tenía que morir al asumir un cuerpo mortal como el nuestro. Sin embargo, no tuvo que morir por *sus* pecados, pues él nunca pecó; más bien, fueron *nuestros* pecados los que causaron su muerte. Lee Gá 1.4; 1 Pe 2.24 y 1 Jn 1.7-2.2.

¿Cuál ha sido el resultado de la muerte de Jesús por nosotros? Estos pasajes no sólo nos enseñan que nuestros pecados han sido perdonados, sino también que tenemos una nueva vida como resultado de lo que Jesús hizo. Jesús no sólo murió, sino que también resucitó. Al morir en la cruz, le ofreció al Padre su vida en sacrificio; y el Padre aceptó ese sacrificio al levantar a Jesús de los muertos, dándole una nueva vida. Jesús fue transformado a través de su muerte y resurrección. Lee Hch 5.30-31; Ro 6.9-11 y Fil 2.5-11.

➤ *¿Qué afirman estos pasajes de la muerte, la resurrección y la nueva condición de Jesús?*

Todo lo que hizo Jesús, entonces, fue por amor a nosotros. Como decimos en el Credo Niceno, "por nosotros, los hombres, y por nuestra salvación, descendió del cielo." No se hizo hombre por su propio bien, pues el hacerse igual a nosotros significó someterse a nuestra condición de sufrimiento y muerte; más bien, lo hizo por amor a nosotros. Toda su vida, sus milagros, sus enseñanzas, y su labor de servicio fueron una entrega por el bien de otros. Igualmente, sufrió y murió por nosotros, tomando sobre sí mismo nuestros pecados y maldades. Finalmente, resucitó y fue llevado al cielo para estar eternamente *por nosotros*, continuando así su vida de servicio a favor nuestro.

Al mismo tiempo, debemos recordar que todo esto fue obra, no sólo de Jesús, sino de su Padre celestial también. Su Padre lo envió al mundo, lo guió a través de toda su vida, lo condujo a la cruz para que muriera por nosotros, y lo glorificó sentándolo a su derecha en los cielos. Así como todo lo que ha hecho y sigue haciendo Jesús es por y para nosotros, lo mismo podemos decir de Dios Padre: en todo momento, él ha buscado nuestro bien a través de su Hijo amado.

En fin, por medio de Jesucristo, Dios ha hecho algo por nosotros que nosotros jamás hubiéramos podido hacer: ha borrado nuestro pecado, limpiándonos y rescatándonos de nuestra maldad, y dándonos una nueva vida en la que podemos vivir en comunión con él y con otros. ¡Cómo no vamos a querer adorar y servir a un Dios tan maravilloso!

1.   ¿Por qué fue necesario que, para salvarnos, Jesucristo se hiciera hombre, muriera, y resucitara?

2.   ¿Qué quiere decir la Biblia al afirmar que Jesús "murió por nuestros pecados"?

3.   ¿En qué sentido podemos decir que todo lo que hizo Jesús por nosotros también fue obra de Dios Padre?

PARA PROFUNDIZAR

1.   Lean los siguientes pasajes, relacionándolos con lo que vimos en esta lección: Mr 10.45; Ro 5.6-11; 2 Co 5.18-21 y Ef 2.13-17.

2.   Lean Col 2.12. ¿En qué sentido podemos decir que hemos sido sepultados y resucitados con Jesucristo en el bautismo?

3.   Repasen el segundo artículo del Credo Niceno, (pág. 96) comenzando con la frase "por nosotros, los hombres, y por nuestra salvación." Expliquen cómo lo que dice cada frase de esa parte del credo acerca de Jesús ha sido por nosotros y por nuestra salvación.

4.   Jesús murió, no sólo porque fue su voluntad y la de su Padre, sino también porque judíos influyentes y Poncio Pilatos lo mandaron a la cruz. ¿Por qué se opusieron a Jesús y lo mataron? En su opinión, ¿era inevitable para el Hijo de Dios hecho hombre entrar en conflicto con los poderes de este mundo? Expliquen su respuesta.

3. ¡Absolutamente gratis!

"¡Queremos obsequiarle esto sin costo alguno! ¡Recíbalo absolutamente gratis, sin ningún compromiso de su parte!" Aunque a todos nos gusta recibir regalos, cuando oímos o leemos palabras como éstas en algún anuncio, sabemos que lo que nos ofrecen es todo, menos gratuito. Tarde o temprano nos costará algo, ya sea nuestro dinero (al tener que comprar otra cosa) o nuestro tiempo (al tener que escuchar más propaganda acerca de lo que nos quieren vender).

Afortunadamente, con Dios no es así. Todo lo que él nos ofrece: su amor, su aceptación y su perdón, es totalmente gratuito. Lee Ro 3.21-24 y Ef 2.8-9.

➤

¿Qué significa la palabra gracia en estos pasajes? (Observa que algunas versiones modernas usan la palabra bondad para referirse a lo mismo.)

Mucha gente cree que uno tiene que ser *bueno* para que Dios lo ame y acepte. Creen que si uno se porta bien, puede ganar o merecer el favor de Dios. Pero no es así. Nuestro Padre celestial nos ama así como somos. Un niño no puede ganar o merecer el amor de sus padres, porque éstos lo aman simplemente por el hecho de que es su hijo. De la misma manera, a través de Jesucristo, podemos acercarnos a Dios nuestro Padre con plena confianza en todo momento, aun cuando hemos sido hijos desobedientes. Cuando le pedimos perdón con un corazón sincero, él nunca nos lo niega. Tampoco nos pone condiciones para concedernos su perdón. Está siempre allí, con los brazos abiertos, esperándonos. Lee Lc 15.11-24.

➤

¿En qué nos parecemos al hijo derrochador?

¿En qué se parece Dios al padre de la historia?

¿Merecía el hijo el perdón de su padre?

Una de las palabras que usan algunas versiones de la Biblia para hablar de la manera en que Dios nos recibe es *justificación*. El primer pasaje que leímos arriba dice que hemos sido "justificados gratuitamente por su gracia" o "nos libra de culpa." Algún día, todos tendremos que rendirle cuentas a Dios por lo que hicimos con la vida que él nos dio. Pero, a pesar de todos nuestros defectos, errores y pecados, si hemos puesto nuestra confianza en su bondad y misericordia, podemos estar seguros de que no tomará en cuenta lo malo que hemos hecho, y de que nos declarará justos, libres de culpa. Lee Fil 3.8-9.

➤

¿De quién es la justicia que tenemos?

De todos los seres humanos que han vivido, sólo uno ha sido perfectamente justo: Jesucristo. Sólo él ha vivido totalmente como Dios lo desea, amando y entregándose a Dios y a los demás en todo momento. Sin embargo, al venir él a morar en nuestros corazones, comparte con nosotros lo que él es y tiene; nos comunica su justicia, su santidad y su forma de ser, de manera que delante de Dios, nosotros también somos justos y santos como Jesús. Lee 1 Jn 3.3; 4.17.

➤ *¿Qué dicen estos versículos de Jesús y de nosotros?*

Se ha dicho: "Todo lo que Cristo es por naturaleza, nosotros lo somos por gracia." Él es Hijo de Dios por naturaleza; nosotros somos hijos adoptivos por gracia. Él es justo y sin pecado, y en él, también lo somos nosotros. Como él, tenemos un corazón lleno de amor y compasión, porque nuestro corazón es el trono desde el cual él reina y gobierna en nosotros.

Todo esto nos ayuda también a entender por qué tanto el Santo Bautismo como la Santa Comunión son *para el perdón de los pecados*. El Bautismo nos lava porque a través del agua y la Palabra, Jesucristo nace en nosotros, y su presencia es como un fuego que nos limpia y nos purifica, quemando toda la cizaña del pecado que hay en nuestro interior. Al comulgar, Jesús nos reafirma su perdón. Así, cubre nuestra maldad con su justicia perfecta. No cabe duda que, de todos los regalos que has recibido en tu vida, éste es el mejor.

1. ¿Por qué es tan improtante reconocer que nuestra salvación se debe únicamente a la gracia de Dios, y que no es obra nuestra?

2. ¿Qué es la *justificación*? ¿Cómo somos justificados delante de Dios?

3. ¿Qué atributos tiene Jesús *por naturaleza*, y que nosotros tenemos en él *por gracia*? ¿Puedes pensar en algunos atributos que no se mencionaron en la lección?

PARA PROFUNDIZAR

1. Lean los siguientes pasajes, relacionándolos con lo que vimos en esta lección: 2 Co 3.18; 5.17; Ef 1.3-7 y Tit 3.4-7.

2. Mencionen algunas de las cosas que hacen muchas personas para tratar de agradar a Dios y ganar su favor. ¿Por qué mucha gente cree que hay que merecer los favores de Dios y la salvación?

3. Algunas personas no aceptan la realidad de que no podemos ganar o merecer nuestra salvación, porque dicen que entonces no hace falta practicar el bien ni cambiar. Si hemos sido justificados gratuitamente por Dios, ¿es posible que sigamos practicando el mal de buena gana, creyendo que de todas maneras Dios nos va a perdonar y justificar? Expliquen su respuesta.

4. ¿Qué tienen que ver el Santo Bautismo y la Santa Comunión con la justificación por la gracia de Dios?

El Espíritu Santo: siempre activo 6

1. La labor silenciosa del Espíritu

En casi todas las oficinas y lugares de trabajo, la labor de una secretaria es fundamental. Ella tiene que ser constante y atenta en su trabajo, haciendo todo lo que su superior le pida, redactando y escribiendo cartas y documentos, haciendo citas y organizando reuniones. Una buena secretaria es como la mano derecha de su jefe. Sin embargo, a pesar de ser tan indispensables, la mayoría de las secretarias trabajan casi en el anonimato. El que recibe toda la atención y el crédito por el trabajo que se hace es, generalmente, el jefe, y no la secretaria.

Dentro de la vida y la actividad de Dios, el trabajo que realiza el Espíritu Santo es parecido. Los cristianos hablamos mucho de Dios Padre, y dirigimos nuestras oraciones y alabanzas principalmente a él. También fijamos nuestra atención en Jesucristo, recordando lo que él ha hecho por nosotros y meditando en su ejemplo y en sus enseñanzas. Pero, aunque el Espíritu Santo está siempre activo y trabajando en nuestros corazones, y sólo podemos adorar y servir a Dios gracias a su presencia en nosotros, por lo general le prestamos poca atención de manera conciente. Trabaja casi en el anonimato, detrás de las escenas; pero su papel en la obra de nuestra salvación es tan indispensable como el del Padre y del Hijo. Lee Sal 104.30; Neh 9.30; Mt 1.20; Ro 8.11 y 2 Pe 1.20-21.

> *¿Cuáles son algunas de las cosas que ha hecho el Espíritu Santo?*

Aunque el Espíritu Santo ha estado activo en el mundo desde la creación, su presencia y obra entre los seres humanos sólo llegó a su plenitud después de la resurrección de Jesucristo. Lee Jn 14.16-18; 15.26 y Hch 2.1-4.

> *¿Qué dicen estos pasajes acerca de la venida del Espíritu Santo?*
>
> *¿De dónde y de quién viene?*

En la lección que dedicamos al tema de la Santísima Trinidad, vimos que el Espíritu Santo es el lazo de unión entre el Padre y el Hijo. Comunica el amor del Padre al Hijo, y el amor del Hijo al Padre, uniéndolos en comunión íntima. Cuando el Hijo de Dios vino a vivir entre los hombres, hizo posible que nosotros conociéramos ese Espíritu comunicador y unificador. Cuando Jesús comparte con nosotros el mismo Espíritu que él tiene en toda su plenitud, nos pone en la misma relación que él tiene con su Padre. El Espíritu Santo nos une a Jesús, comunicándonos su misma vida. Gracias al Espíritu, junto con Jesucristo podemos llamar a Dios *Padre* y acercarnos a él.

Lee Gá 4.6 y Ef 2.18.

➤ *Según estos versícu-los, ¿qué hace el Espíritu Santo en nosotros?*

Así como Jesucristo derramó su Espíritu Santo sobre los apóstoles el día de Pentecostés, también lo derrama sobre cada uno de nosotros el día de nuestro bautismo, que es como nuestro *Pentecostés personal*. De esta manera, nos une a sí mismo, y nos pone en una nueva relación con Dios y con nuestros hermanos cristianos. El Espíritu Santo hace surgir la fe en nosotros, y a lo largo de toda nuestra vida sigue trabajando para fortalecer esa fe y hacer más estrecha nuestra comunión con Dios y los demás. Él crea en nosotros un nuevo corazón; y así como nuestro corazón nunca descansa, así también el Espíritu Santo no descansa nunca para llenarnos con la vida de Dios.

Pocas veces somos concientes del trabajo que realiza nuestro corazón; y lo mismo sucede con el Espíritu Santo. Trabaja generalmente de una manera casi imperceptible, haciéndonos recordar a Dios, practicar el amor, y obedecer la voluntad de nuestro Padre. Aunque a veces no nos llama mucho la atención, su labor es indispensable.

1. Compara lo que hace el Espíritu Santo con lo que hacen Dios Padre y Dios Hijo. ¿En qué es diferente su trabajo? ¿En qué es parecido?

2. Compara lo que el Espíritu Santo hace en nosotros con lo que hace dentro de la vida de la Santísima Trinidad.

3. ¿Qué cosas hace dentro nuestro el Espíritu Santo? ¿Cuándo empieza su actividad en nosotros?

PARA PROFUNDIZAR

1. Lean los siguientes pasajes, relacionándolos con lo que vimos en esta lección: Mt 3.11; Lc 10.21; Hch 10.37-38 y 1 Co 12.13.

2. Comparen Mt 12.28 con Lc 11.20. ¿Qué frase usa el segundo pasaje para referirse al Espíritu Santo? ¿Qué aspectos de la actividad del Espíritu Santo describe esa frase?

3. Algunos cristianos creen que el Espíritu Santo siempre se manifiesta de manera espectacular, a través del hablar en lenguas, las profecías, o los milagros. En su opinión, ¿cómo se manifiesta el Espíritu Santo entre nosotros y en nuestras vidas? ¿Cómo podemos saber si está actuando?

4. Habiendo conocido un poco cómo es la personalidad del Espíritu Santo y cómo trabaja, ¿creen que él prefiere trabajar de manera casi *anónima*, o *detrás de las escenas*, en lugar de recibir más atención de parte nuestra?

2. La comunión del Espíritu Santo

Construir una casa o un edificio no es fácil. Se necesita contratar a un constructor para dirigir la obra, alguien que sepa seguir los planos arquitectónicos, comprar el material necesario y adecuado, y supervisar el trabajo de los obreros. Tiene que asegurarse de que todo quede bien y en su lugar, para que el edificio sea fuerte y duradero.

Según el Nuevo Testamento, el Espíritu Santo es también una especie de constructor. Lo que construye es algo mucho más grande que cualquier edificio aquí en la tierra; trabaja para construir el reino de Dios y el cuerpo de Cristo que es la iglesia. Lee Ro 14.17; 1 Co 12.4-13 y Ef 2.22.

> *¿Qué construye el Espíritu Santo, según estos pasajes?*

En el capítulo 12 de 1 Corintios, San Pablo compara la iglesia con un cuerpo. Un cuerpo está compuesto por muchos miembros diferentes; cada uno tiene una función distinta pero necesaria. Lo mismo sucede con un edificio; se necesitan muchos materiales diferentes, puertas, ventanas, vigas y otras cosas para construir una casa. Así como el constructor tiene que unir todas estas cosas y poner cada una en el lugar adecuado, el Espíritu Santo busca la manera de unirnos a todos nosotros con Dios y con los demás. Hay ciertas cosas que reparte a todos los cristianos sin excepción. Lee Ro 5.5; Gá 5.22-23 y Fil 2.1-2.

> *¿Qué cosas reparte el Espíritu Santo a todos los cristianos por igual?*

Estas cosas son como el pegamento o el adhesivo que permite la unión entre todos los miembros del cuerpo de Cristo. Para que haya comunión, es necesario que todos compartan el mismo amor y el mismo espíritu de servicio y gozo, y el Espíritu Santo se encarga de hacer esto. Pero también hay cosas que distinguen a unos de otros. Como leímos en el pasaje de 1 Co 12, el Espíritu Santo reparte dones a cada cristiano en particular. Gracias a él, cada uno tiene algo que contribuir y compartir con los demás. Dentro del reino de Dios, todos nos necesitamos los unos a los otros. Lee Ef 4.1-7.

> *¿Qué dice este pasaje acerca de la unidad?*
>
> *¿Qué papel juega el Espíritu Santo en esto?*

Es interesante que en el versículo 2 de este pasaje, San Pablo dice que debemos "soportarnos con paciencia." Él sabía que para los seres humanos pecadores no es fácil vivir en paz y armonía. A veces tenemos que *soportar* a otras personas, pues surgen desacuerdos y conflictos. Pero, con la ayuda del Espíritu Santo, podemos hacer esto. Él nos enseña a respetar y valorar a los demás. En lugar de despreciar a otros porque son diferentes, o porque no siempre piensan igual que nosotros, el Espíritu Santo nos ayuda a ver en cada individuo una persona de valor incalculable para Dios. Cuando nos dejamos guiar por el Espíritu Santo, apreciamos a los demás; tenemos para ellos palabras edificantes que les comunican nuestro amor. Todo esto es necesario para que haya comunión y armonía entre nosotros, ya sea en el hogar, la escuela, el lugar de trabajo o dondequiera que andemos. El Espíritu Santo siempre quiere hacer crecer y abundar en nosotros el amor que edifica.

Finalmente, debemos notar que el último pasaje que leímos habla de *guardar* la unidad. Algunas personas a veces hablan como si la unidad fuera producto de nuestros esfuerzos; pero no es así. Esa unidad *ya existe*; hay un solo Dios, un solo Espíritu, un sólo Señor Jesucristo al cual *todos* los cristianos estamos unidos en virtud de nuestra fe. Ya somos uno con el mismo Dios, que es uno; lo que el Espíritu Santo quiere es simplemente que manifestemos y guardemos esa unidad que ya tenemos, dejándonos guiar por él. Algún día todos seremos perfectamente uno con Dios y nuestros hermanos por toda la eternidad en el cielo, pero esa unión comienza desde ahora. Sólo podemos vivir bien unidos a Dios si vivimos unidos a los demás que también están unidos a él.

1. ¿Con qué propósito da dones el Espíritu Santo?

2. ¿En qué sentido son los dones del Espíritu, como el amor, la compasión, la paciencia y el perdón como el pegamento o adhesivo que une a los creyentes?

3. ¿En qué sentido son buenas las diferencias entre creyentes? ¿Cuándo no son buenas las diferencias? ¿Puede y debe haber diversidad en la unidad? Explica tu respuesta.

PARA PROFUNDIZAR

1. Lean 1 Co 12.15-31. ¿Qué nos enseña este pasaje acerca de los dones que da el Espíritu Santo?

2. Lean 1 Co 13.1-13. ¿Por qué creen que es importante comprender el contexto en que fue escrito este capítulo 13? Su pastor o maestro puede hablar sobre la situación que existía en Corinto cuando San Pablo escribió esta carta (también pueden ver 1 Co 1.10-13).

3. Entre los miembros de la clase, hablen sobre los dones específicos que cada uno tiene. Cada uno puede comentar acerca de los dones que cree haber recibido, y los dones que ha visto en los demás miembros de la clase.

4. Mencionen algunas de las cosas que son necesarias para que haya paz y comunión en el hogar, la iglesia y en otras partes. ¿Qué hace el Espíritu Santo para lograr esto?

3. Un amigo fiel

"Prometo amarte, consolarte, honrarte y cuidarte, en tiempos de salud y en tiempos de enfermedad, en tiempos de riqueza o pobreza, y siempre serte fiel." Palabras como éstas, que se repiten en las ceremonias de matrimonio, bien podrían aplicarse a lo que el Espíritu Santo nos promete el día de nuestro bautismo. Como un buen cónyuge o amigo, quiere estar con nosotros todos los días de nuestra vida, en los buenos tiempos y en los malos, para compartir con nosotros su gran amor. Lee Jn 14.16; 16.7.

➤ *¿Qué palabra usó Jesús aquí para referirse al Espíritu Santo?*

En el idioma original de la Biblia, la palabra que se usa en estos versículos es *Paráclito* (o *Paracleto*). Tal vez has visto esta palabra en algunos himnos o escritos cristianos. Aparece también en 1 Jn 2.1, donde se traduce como *abogado*. Aunque un consolador *parecería* no tener nada en común con un *abogado*, en realidad *paráclito* significa uno que viene para estar con otro y acompañarlo. En algunos momentos, puede venir para consolarlo, si está triste, o para defenderlo como abogado, si está en alguna dificultad. También puede venir por otros motivos: para fortalecer, alegrar, servir o guiar. El Espíritu Santo, nuestro *Paráclito*, hace todo esto con nosotros. Lee Ro 8.5-6, 14, 26-27; Ef 3.16 y Jud 20.

➤ *¿Cuáles son algunas de las cosas que hace el Espíritu Santo en nosotros?*

Todo esto es lo que el Espíritu Santo hace en ti. Está siempre buscando tu bien, y el bien de los demás por medio de ti. Él quiere fortalecerte, guiarte y hacerte crecer en su amor y su gozo; pero también quiere hacer lo mismo a otros a través tuyo, usándote como su instrumento. Dios quiere expandir su círculo de comunión amorosa incluyéndote a ti, pero no quiere sólo tener comunión con individuos aislados, sino con todos en conjunto, para formar una familia unida.

Para esto, es necesario que sigas los impulsos del Espíritu Santo y te dejes guiar por él. Lee Gá 5.16-18 y Ef 4.30-31; 5.18.

➤ *¿En qué es diferente la vida de la persona que vive bajo los impulsos del Espíritu Santo?*

El Espíritu Santo sólo puede llevar a cabo todo lo que quiere hacer en ti y a través de ti si te dejas guiar por él. Todos sabemos que es difícil vivir como Dios lo desea, controlando y superando los impulsos pecaminosos que hay en nuestro interior. De hecho, por uno mismo, es imposible cambiar. Pero por eso nos ha dado Dios el Espíritu Santo; él puede hacer de nosotros personas nuevas, cambiando nuestra forma de ser y actuar. Siempre está tratando de hacer surgir en nosotros el amor por Dios y los demás, en cada palabra y acción nuestra; y cuando no se lo permitimos, sino que nos dejamos dominar por el pecado, San Pablo dice que se entristece. Le duele no poder compartir su amor y su paz con nosotros, y también le duele no poder usarnos como sus instrumentos para compartir su amor con los que nos rodean. En todo momento, él quiere darse y entregarse por completo a nosotros, porque quiere nuestro bienestar y felicidad, y se entristece cuando no aceptamos todo lo que en su amor nos quiere dar.

Por eso, debemos siempre vivir llenos del Espíritu Santo. Lee 1 Co 6.19-20.

➤ *¿Qué afirma este pasaje de nosotros y de nuestros cuerpos?*

Según la Biblia, en virtud de nuestra fe, cada uno de nosotros es el templo o la morada del Espíritu Santo. De hecho, dice que ya no somos nuestros; le pertenecemos a Dios. Así como el dueño de una propiedad puede disponer de ella en todo momento, como él lo desee, así debemos estar a disposición de Dios, para que él haga su voluntad en nosotros. Vivir así no sólo nos llenará de gozo a nosotros, sino al Espíritu Santo también, porque podrá tenernos muy unidos a nuestro Padre celestial y a nuestros hermanos.

1. ¿Qué hace el Espíritu Santo como nuestro *Paráclito*?

2. ¿Qué quiere hacer el Espíritu Santo en tu vida diaria? ¿Quiere hacer todo esto sólo por ti, o por los demás también? Explica tu respuesta.

3. ¿Qué es un templo? ¿Qué actividades se realizan allí? Aplica tus respuestas a estas preguntas a la afirmación de que tu cuerpo es templo del Espíritu Santo.

PARA PROFUNDIZAR

1. Lean Ro 8.5-16 y Ef 6.17-18. ¿Qué cosas concretas podemos hacer para vivir siempre guiados por el Espíritu Santo?

2. Repasen nuevamente las cosas que el Espíritu Santo hace en nosotros, haciendo una lista. Para cada punto, expliquen cómo puede hacer lo mismo por otros, a través de cada uno de nosotros.

3. El hecho de que nuestro cuerpo es templo del Espíritu Santo significa que debemos cuidarlo. ¿De qué manera podemos cuidar el templo de nuestro cuerpo? ¿Cómo sirve esto para glorificar a Dios?

4. Comparen lo que enseñan muchas iglesias de tipo pentecostal con lo que enseña la Iglesia Luterana acerca de la actividad del Espíritu Santo. ¿En qué estamos de acuerdo con ellas? ¿En qué no estamos de acuerdo?

1. Jesucristo activo entre nosotros

Hay momentos en nuestra vida en que quisiéramos estar en dos lugares distintos al mismo tiempo. A veces, las circunstancias nos obligan estar en un lugar, pero nuestra mente está muy lejos, pensando en otras personas con quienes nos gustaría estar.

Aunque ninguno de nosotros puede estar en más de un lugar al mismo tiempo, para Jesucristo no es así. Habiendo resucitado, está sentado a la derecha de Dios, pero también está presente entre nosotros. Lee Mt 18.20; 28.20 y 2 Co 13.5.

➤ *¿Dónde está presente Cristo en nuestro mundo?*

Cuando Jesús subió al cielo después de su resurrección, en un sentido se fue de este mundo; pero al mismo tiempo, llegó a hacerse presente entre nosotros de un modo nuevo. No se alejó de nosotros, sino que su presencia se intensificó; está más cerca de nosotros que nunca.

Lo mismo podemos decir de su actividad en este mundo. Su ministerio a favor de los seres humanos no terminó cuando subió al cielo, sino que alcanzó un nuevo nivel. Lee 2 Co 5.18-20 y 1 Pe 4.10.

➤ *¿Cómo realiza Jesucristo su ministerio ahora?*

Previamente hemos visto en qué consistía el ministerio de Jesús. Él predicaba la palabra de Dios para reconciliar a los seres humanos con su Padre. Ayudaba a los que estaban en cualquier tipo de necesidad, sea enfermedad, pobreza, o dificultades emocionales. Siempre que veía que alguien sufría, trataba de aliviar su sufrimiento. Se entregaba en cuerpo y alma al servicio de los demás, buscando servir en lugar de ser servido.

Todo esto Jesucristo lo sigue haciendo a través de nosotros. Así como su cuerpo humano era el instrumento por medio del cual realizaba todo su ministerio a favor de otros, ahora se vale de su nuevo cuerpo, la iglesia, para continuar en ese mismo ministerio. Nosotros somos su cuerpo, sus manos, sus pies y su lengua, por los que él sigue sirviendo a los demás, buscando su reconciliación con Dios, y acompañándolos cuando sufren cualquier necesidad. Durante su vida terrenal, Jesús vivió siempre lleno del Espíritu Santo, el cual lo impulsaba a servir, y le daba el poder necesario para hacer la voluntad de su Padre. Ahora, ese mismo Espíritu está en nosotros. Nos reparte los mismos dones que le repartió a Jesucristo; nos mueve a seguir el mismo ejemplo de Jesús, y nos permite hacer la voluntad de Dios.

Anima al cuerpo de la iglesia como animó a Jesucristo. Lee Ef 4.11-16.

➤ *¿Qué dice este pasaje de la iglesia?*

Así como un cuerpo tiene distintos miembros con distintas funciones, cada uno tiene un papel especial que jugar dentro del cuerpo de Cristo. Algunos están en posiciones de autoridad, como los pastores y maestros, que según este pasaje, tienen la función de preparar a todos los creyentes para que éstos lleven a cabo su ministerio. Aunque hay una variedad de funciones y ministerios dentro de la iglesia, esto no significa que uno sea más importante que el otro. Todos somos importantes. Jesús tenía tiempo para todos durante su ministerio: para los niños a quienes los discípulos menospreciaban, para los desvalidos y los marginados a quienes nadie tomaba en cuenta. Dentro de su cuerpo es igual; él considera a cada individuo como alguien de suma importancia, que tiene un ministerio específico que realizar en su vida.

De esta manera, el cuerpo de Cristo puede estar "bien concertado y unido entre sí" y "recibe su crecimiento para ir edificándose en amor." Cristo todavía está vivo y trabajando para construir el reino de Dios a través de nosotros, su cuerpo.

1. ¿Qué medios emplea Jesucristo para seguir estando presente en nuestro mundo?

2. Menciona algunas de las cosas que Jesucristo hizo durante su vida terrenal, y que sigue haciendo hoy por medio de su cuerpo.

3. En tu opinión, ¿hay personas más importantes que otras dentro de la iglesia, o simplemente existe una diferencia de funciones y ministerios? Explica tu respuesta.

PARA PROFUNDIZAR

1. Lean los siguientes pasajes, relacionándolos con lo que vimos en esta lección: Jn 14.12; 17.20-23; Ef 5.29-30 y Fil 2.5-7.

2. Lean nuevamente Ef 4.11-12. En su opinión, ¿entiende la gente que la tarea fundamental de los pastores, maestros y dirigentes de la iglesia es la de capacitar a otros para el ministerio? ¿Se practica esto en su congregación?

3. Cuando oímos la palabra *iglesia*, generalmente pensamos en el templo. Fuera del templo, ¿dónde se manifiesta la iglesia? ¿Cómo participamos en el cuerpo de Cristo fuera del templo?

4. En la versión original de los credos Apostólico y Niceno, se habla de la "santa iglesia *católica o universal*." Discutan el significado y el uso de la palabra *católico* para referirse a la iglesia.

2. El templo de Dios

La música es un gusto que todos los seres humanos compartimos. Aunque cada individuo tiene sus propios gustos, a todos nos gusta, no sólo escuchar música, sino a veces también cantar o bailar. A través de la música, expresamos nuestros sentimientos más profundos, sea alegría, tristeza, amor o dolor.

Desde sus orígenes, la música ha formado también parte de la vida cristiana. Jesús cantaba con sus discípulos (Mt 26.30), y los primeros cristianos entonaban himnos en sus reuniones y en otros momentos (Hch 16.25; Ef 5.19). El libro del Apocalipsis habla del canto de los redimidos en el cielo (5.9; 14.3), lo cual nos da a entender que la música siempre formará parte de nuestra vida cristiana.

A través de la música, ofrecemos a Dios nuestra adoración y alabanza; le expresamos nuestro amor y gratitud. Cantarle a Dios, entonces, es presentarle una ofrenda. Pero aparte de ofrecerle a Dios nuestros cantos, el Nuevo Testamento dice que también debemos ofrecerle otras cosas. Lee Ro 12.1; He 13.15 y 1 Pe 2.4-5.

> *¿Qué cosas debemos ofrecerle a Dios?*

El último pasaje dice que somos como las piedras de un templo, y que todos constituimos un *sacerdocio santo*. En el sentido original de la palabra, un *templo* no es solamente un lugar donde se adora a Dios, sino donde se le ofrecen sacrificios. Entre los judíos, por ejemplo, aunque había muchos lugares de reunión llamados *sinagogas*, sólo había un templo, el de Jerusalén, donde se ofrecían sacrificios animales. Ofrecer un sacrificio a Dios significaba darle algo de uno mismo; uno se ofrecía a él a través de una ofrenda animal o vegetal. Los cristianos ya no practicamos ese tipo de sacrificio, pero seguimos ofreciéndonos a Dios, alabándolo y sirviéndole en cuerpo y alma. Aunque hacemos esto en todo momento y lugar, lo hacemos de una manera especial en el templo en el que nos reunimos. Todavía tenemos un altar, y damos nuestra ofrenda, que simboliza nuestra entrega a Dios, no sólo como individuos aislados, sino como grupo. Por eso, la Biblia dice que todos somos sacerdotes, pues un sacerdote es el que ofrece sacrificios a Dios.

Sin embargo, es importante recordar que todo esto lo hacemos *por medio de Cristo* y unidos a él. Según Jn 2.21, el nuevo templo es el mismo Jesucristo; él es el lugar en donde nos encontramos con Dios y le adoramos. Lee Ef 5.2 y He 10.19-22.

> *¿Qué relación hay entre el sacrificio de Jesucristo y el nuestro?*

Cuando amamos a otra persona, queremos entregarnos a ella con todo lo que tenemos y somos. Lo mismo queremos hacer con Dios; junto con Jesucristo, queremos entregarle a Dios nuestra vida. Nuestro anhelo mayor es darle todo lo que somos y tenemos, porque al hacer esto, él puede llenarnos con su Espíritu y darnos todas sus bendiciones. Lee Ro 8.32; 1 Co 3.20-23 y Ef 3.19.

➤ *Según estos pasajes, ¿qué hemos recibido de Dios?*

En Jesucristo, Dios se nos ha entregado por completo, y cuando nosotros, unidos a Jesucristo, también nos entregamos por completo a Dios, podemos compartir con él su vida, su amor, su paz y todo lo que tiene. Como Jesucristo, le decimos a nuestro Padre: "Todo lo mío es tuyo, y lo que es tuyo es mío" (Jn 17.10), porque al ofrecernos a Dios, abrimos de par en par las puertas de nuestro corazón, tanto para dar como para recibir.

Todo esto, entonces, es lo que hacemos en la iglesia. Al reunirnos allí, Dios se nos ofrece a través de su Palabra, y a través del Sacramento del Altar, al darnos a Jesucristo mismo junto con el pan y el vino. Nosotros, al recibir lo que Dios nos da, respondemos ofreciéndole nuestro corazón. Las alabanzas que le cantamos son la expresión de que nosotros mismos nos entregamos como ofrenda.

1. ¿De qué manera nos ofrecemos a Dios en la iglesia?

2. ¿En qué sentido es Jesucristo el *nuevo templo*? ¿En qué sentido somos nosotros parte de ese nuevo templo?

3. ¿Qué relación debe haber entre lo que hacemos al reunirnos en la iglesia y lo que hacemos en nuestra vida diaria?

PARA PROFUNDIZAR

1. Lean Sal 51.15-17; 69.30-31; 96.8-9. ¿Qué debían expresar los sacrificios que los israelitas le ofrecían a Dios? ¿Qué tipos de sacrificios presentamos nosotros a Dios?

2. Lean Is 1.11-17; 29.13 y Os 6.6. ¿Cuándo no le agrada a Dios que le cantemos alabanzas? ¿Quiere Dios algo más que nuestra adoración y nuestras ofrendas?

3. ¿Qué se entiende por el *sacerdocio de todos los creyentes*? ¿En qué sentido somos todos sacerdotes?

4. Repasen con su pastor o maestro la liturgia que usan en su iglesia. ¿En qué momentos de la liturgia recibimos lo que Dios nos ofrece? ¿En qué momentos le ofrecemos algo a él?

3. Voces unidas, vidas unidas

Hoy en día, son muy comunes las marchas y manifestaciones públicas. Muchos se han dado cuenta de que un grupo grande y unido puede comunicar un mensaje a la sociedad, o a personas en puestos de autoridad, mucho mejor que individuos aislados que sólo hablan por sí mismos. Las voces unidas hablan con más fuerza que las voces solitarias.

Esto es verdad también en la iglesia. Como miembros del cuerpo de Cristo, tenemos un mensaje que comunicarle a Dios; no de protesta ni de exigencias, sino de amor y gratitud. Por supuesto, podemos y debemos expresarle estos sentimientos de manera personal en nuestra vida cotidiana, pero también queremos unir nuestras voces a la de nuestros hermanos. Queremos que llegue ante nuestro Padre celestial un estruendo de alabanzas, como él se merece. Lee Ro 15.5-7; Hch 2.46-47 y 1 Co 1.10.

➤ *¿Cuál debe ser la relación entre los miembros del cuerpo de Cristo?*

Lo que a Dios le agrada es ver unidos a sus hijos. No le es grato recibir alabanzas de personas que están divididas entre sí. Al oír de ellas sus palabras de adoración y amor, les responde: "¿Cómo dices que me amas, pero no muestras amor a otras personas que también son mis hijos amados? ¿Cómo puedes adorarme a mí y al mismo tiempo despreciar a tu hermano?" Ese tipo de adoración es vacía y sin sentido. Lee Mt 5.23-24; 22.37-40 y 1 Jn 4.20.

➤ *¿Qué relación hay entre el amor a Dios y el amor a los demás?*

Amar a otro no significa solamente dejar de despreciarlo o de guardarle rencor. Más bien, significa servirle, buscar su bien, brindarle amistad y apoyo, y vivir en armonía con él. Por lo tanto, el cuerpo de Cristo no está compuesto de individuos que viven aislados entre sí, cada uno adorando y alabando a Dios por separado. Cristo quiere que su cuerpo esté "bien concertado y unido entre sí por todas las coyunturas que se ayudan mutuamente" (Ef 4.16).

A veces oímos a cristianos que dicen: "Yo no tengo que ir a la iglesia para adorar a Dios. Puedo leer su Palabra y alabarlo estando a solas." Pero es un error pensar así. No podemos amar a Dios sin amar a nuestros hermanos en la fe que también son hijos queridos del mismo Padre; y no podemos amar a esos hermanos si no convivimos con ellos, uniendo nuestras vidas con las suyas. Ellos necesitan de nosotros, y nosotros de ellos. Nos entregamos a Dios entregándonos a los demás. Lee 1 Co 10.24; Gá 6.2 y 1 Pe 3.8-9.

➤ *¿Qué espíritu debe haber entre los miembros del cuerpo de Cristo?*

Una de las maneras en que expresamos esta unión en la Iglesia

Luterana es a través de la liturgia. Muchas partes de nuestra liturgia son muy antiguas, y se han empleado desde los orígenes del cristianismo. Asimismo, se usan en otras iglesias, no sólo luteranas, sino también de otras tradiciones. Cantamos las alabanzas a Dios usando las mismas palabras que los cristianos de otros lugares y épocas. Utilizamos los mismos credos para confesar nuestra fe. De hecho, gran parte de la liturgia viene de las Escrituras, lo cual nos une con creyentes de tiempos bíblicos. En una parte de la liturgia tradicional, decimos que cantamos "con ángeles y arcángeles y todo el coro celestial," uniendo nuestras voces a las que alaban a Dios noche y día en el cielo. Todo esto expresa nuestra unión con todos los miembros del gran pueblo de Dios, del pasado, del presente y del futuro, de todo el orbe, del cielo y de la tierra.

Tú también formas parte de esta multitud. Aunque como individuo, tú eres muy especial y único ante los ojos de Dios, él quiere verte siempre unido a todos sus hijos. Quiere que tu voz se una al coro de todos tus hermanos en el cielo y en la tierra. Pero no sólo quiere oír tu voz, sino también ver que vivas en armonía y comunión con tus hermanos, manifestándoles siempre tu amor y solidaridad. El cuerpo de Cristo sólo puede ser un conjunto de *voces* unidas si también es un conjunto de *vidas* unidas.

1. ¿Por qué es imprescindible participar en la iglesia para vivir plenamente como hijo de Dios?

2. Al no participar activamente en la iglesia, ¿de qué le privamos a Dios? ¿De qué nos privamos a nosotros mismos? ¿De qué les privamos a nuestros hermanos en la fe?

3. ¿De qué manera expresamos nuestra unión con los demás creyentes y nuestro amor por ellos en nuestra liturgia? (menciona algunos ejemplos concretos). ¿De qué manera expresamos esa unión y ese amor en otros momentos?

PARA PROFUNDIZAR

1. Lean Is 6.1-3; Mr 11.9-10 y Ap 4.8-11; 7.9-12. ¿Qué tienen que ver estos pasajes con la adoración cristiana que realizamos en la iglesia?

2. ¿De qué manera nos unen a los demás creyentes los sacramentos del Santo Bautismo y de la Santa Comunión? ¿Qué importancia tienen estos sacramentos para nuestra relación con los demás en nuestra vida diaria?

3. Su pastor o maestro puede comentar algo sobre el origen y el uso de los credos Apostólico y Niceno en la historia de la iglesia. ¿Con quiénes nos une el uso de estos credos?

4. En el Credo Apostólico, se confiesa la fe en "la comunión de los santos." ¿Qué es la comunión de los santos? ¿Quiénes son los "santos" a quienes se refiere?

1. Dios quiere comunicarse contigo

Al recibir una carta de un amigo o de un ser querido que está lejos, casi siempre la abrimos de inmediato. Estamos ansiosos por saber qué nos escribe. A través de las cartas, no sólo compartimos noticias y sucesos de nuestra vida, sino también nuestros sentimientos y emociones. Una carta comunica algo de nosotros mismos; es un medio por el cual compartimos nuestra vida con otros.

En muchos sentidos, la comunicación con Dios es parecida. Aunque no lo podemos ver ni oír, él no deja de comunicarse con nosotros. Lee Jn 5.24; 6.68; 2 Co 5.19; Stg 1.18 y 1 Pe 1.23-25.

> *¿Qué nos comunica Dios a través de su Palabra?*

Al hablarnos a través de su Palabra, Dios no sólo nos da a conocer su voluntad, sino que nos comunica su misma vida. Él mismo viene a nosotros por medio de su Palabra, y por ella nos transforma. Nos hace *nacer de nuevo*, y crea en nosotros una nueva forma de pensar y de obrar. Nos reconcilia con Dios y con los demás. Todo esto es posible si recibimos esa Palabra y hacemos lo que nos dice. Lee Jn 14.23 y Stg 1.21-25.

> *¿Cuál es el resultado cuando obedecemos la palabra de Dios?*

Dios nos habla su Palabra de diversas maneras. Aunque comunicó su Palabra antiguamente a través de los profetas del Antiguo Testamento, la comunicación más perfecta de su Palabra vino por su Hijo Jesucristo. Esta Palabra nos ha sido transmitida por los apóstoles, quienes la escucharon personalmente de boca de Jesús, y luego pusieron por escrito lo que habían aprendido de él (como en el caso de los discípulos Mateo, Juan y Pedro), o la compartieron con otros de su época que luego escribieron lo que Dios quería (como Marcos y Lucas, por ejemplo). De esta manera, en la Biblia, Dios puede seguir hablándonos su Palabra para nuestro provecho y bendición.

Sin embargo, ésta no es la única manera en que Dios nos habla su Palabra. También nos la comunica a través de otros individuos que son guiados por el Espíritu Santo. La oímos al asistir a la iglesia, o cuando alguien comparte con nosotros palabras de consuelo, edificación, amor o exhortación de parte de Dios. De hecho, Dios comunica su Palabra a otros también a través tuyo, cuando el Espíritu Santo te guía para compartir su verdad y su amor con otros.

Aunque una palabra es algo invisible que no podemos palpar ni tomar en la mano, creemos que Jesucristo también ha establecido dos maneras visibles de comunicar su Palabra: el Santo Bautismo y la Santa Cena. Lee Ef 5.25-30.

¿Puedes encontrar una referencia al Santo Bautismo en este pasaje? ¿Puedes encontrar también una referencia a la Santa Cena? ¿Qué dice el pasaje de estos dos sacramentos?

Dios no sólo llega con su Palabra a nuestros oídos, sino también de una manera directa y palpable por medio de los sacramentos. De esta manera, esa Palabra puede "morar en abundancia" en nosotros (Col 3.16). Se siembra como una semilla, que va creciendo y echando raíces en nosotros para cambiarnos. Los Sacramentos nos aseguran que Jesús con su Palabra realmente está vivo y obrando dentro de nosotros, para perdonarnos y reproducir en nosotros su misma vida.

Así como recibimos con gusto una carta de un ser querido, también debemos recibir con alegría la palabra de Dios y los sacramentos. A través de ellos, Dios comparte con nosotros su vida y su amor, haciéndose presente para nosotros desde el cielo.

1.   ¿Qué efectos deben producir en ti la Palabra y los sacramentos? ¿Cómo hacen esto?

2.   ¿Cuáles son algunas de las formas en que Dios te comunica su Palabra en tu vida diaria?

3.   Aunque podemos y debemos leer la palabra de Dios fuera de la iglesia, ¿podemos recibir plenamente todo lo que Dios nos quiere comunicar sin participar activamente en la iglesia? Explica tu respuesta.

PARA PROFUNDIZAR

1.   Lean los siguientes pasajes, relacionándolos con lo que vimos en esta lección: Jn 8.31-32; Ro 10.8; Col 3.16; He 4.12 y 1 Jn 1.1-4.

2.   Muchas personas hoy en día afirman que Dios les ha hablado directamente y por eso debemos escucharles. ¿Cómo podemos saber si alguien que afirma que nos está hablando la Palabra de Dios realmente lo está haciendo? ¿Cómo nos habla Dios hoy en día?

3.   Lean He 1.1-2 y Jn 1.18. ¿Por qué ha podido Jesucristo comunicarnos la palabra de Dios de una manera más completa y perfecta que los profetas antiguos? Mencionen algunos ejemplos de cosas que Dios no había comunicado acerca de sí mismo antes de la venida de Jesucristo.

4.   Discutan lo que es un sacramento. ¿Por qué son sacramentos el Bautismo y la Santa Cena? ¿Por qué no aceptamos otros ritos como sacramentos?

2. El agua del Bautismo

Aparte del aire que respiramos, no hay nada más indispensable para la vida humana que el agua. No sólo necesitamos beber agua para vivir, sino que la necesitamos también para higienizarnos. Asimismo, sin agua, no podríamos alimentarnos, pues no habría plantas ni animales. Con mucha razón, se dice que "el agua es vida."

No es de extrañar, entonces, que Dios haya elegido el agua como símbolo y medio para comunicarnos su vida a través del Santo Bautismo. En diversos momentos de nuestro estudio, hemos visto lo que sucede en el Bautismo: somos unidos a Jesucristo por medio del Espíritu Santo, y así traídos a una nueva relación con Dios y con nuestros hermanos cristianos. El Bautismo nos hace renacer a una nueva vida, en la que Dios siempre nos ofrece su perdón y su amor. Lee Jn 4.13-14; Hch 22.16 y Ro 6.4.

➤ *¿Qué simbolismo tiene el agua en el Bautismo?*

El Bautismo no sólo nos lava y purifica, sino que también nos comunica la vida de Dios, así como el agua que bebemos nos da vida. Asimismo, el agua cumple con un fin destructivo; así como uno puede ahogarse en el agua, creemos que nuestra vieja naturaleza muere al ser *ahogada* en las aguas del Bautismo. Muere en nosotros la vieja persona que está separada de Dios y privada de su vida, y surge del agua bautismal una nueva persona que está unida a Dios en Jesucristo.

El Bautismo fue mandado por el mismo Jesús, y por eso se practica desde el comienzo de la iglesia cristiana. Lee Hch 2.38; 8.12, 34-39; 16.27-33; 18.8.

➤ *¿Qué cosas tienen en común todas estas historias?*

El Bautismo siempre ha estado íntimamente relacionado con la fe. En los primeros días del cristianismo, se predicaba el evangelio a adultos, y quienes creían, eran bautizados. Aunque la Biblia no menciona específicamente el bautismo de niños, muchos creen que también ellos eran bautizados (como en el caso de la familia del carcelero de Filipos que acabamos de leer). Hay evidencias de que se practicaba el bautismo de niños en el segundo siglo después de Cristo, lo cual también hace pensar que esta costumbre data de tiempos apostólicos.

Como luteranos, creemos que hay razones muy sólidas para bautizar a los niños. Estamos convencidos de que la fe es un don de Dios, algo que él crea en nosotros. Por eso, bautizamos a niños y recién nacidos que son miembros de una familia cristiana que promete criar a su hijo en la fe. Así como los padres no esperan a que su hijo entre en la edad de la razón para cuidarlo y alimentarlo físicamente, tampoco esperamos a que tenga esa edad para bautizarlo, porque queremos que desde el principio de su vida su fe vaya creciendo y alimentándose. La fe ni nace ni puede mantenerse en un contexto aislado, sino que siempre requiere de una comunidad o familia cristiana; esto es verdad tanto para los niños como para los jóvenes y adultos.

Tu bautismo, entonces, no fue algo que tú hiciste, sino algo que Dios hizo por ti y en ti. Él creó la fe en ti por su Espíritu Santo. Jesucristo hizo su morada en tu corazón para acompañarte a través de toda tu vida.

Aun cuando tu Bautismo haya quedado en el pasado, es algo que produce un efecto en ti todos los días de tu vida. Si Dios en su gracia te puso en una nueva relación con él y con los demás, es para que vivas en esa relación cada día. Si derramó el Espíritu Santo en tu corazón en el Bautismo, es para que te dejes guiar por ese Espíritu. Si la vieja persona en ti fue ahogada, no debes dejar que vuelva a surgir en tu vida, sino permitir siempre que la nueva persona se manifieste viva y activa en todo lo que hagas y digas.

1. ¿Cuáles son algunos de los significados del Santo Bautismo que hemos visto en esta lección?

2. ¿Qué relación hay entre la fe y el Bautismo? ¿Cómo se crea la fe en nosotros?

3. ¿Por qué bautizamos a los niños? ¿Qué importancia tienen las promesas que hacen los padres y padrinos al bautizar a un niño?

PARA PROFUNDIZAR

1. Lean los siguientes pasajes y relaciónenlos con lo que vimos en esta lección: Mt 18.2-6; Mr 9.21-24; 10.13-15; Jn 15.16 y 2 Ti 1.5.

2. Con la ayuda de su pastor o maestro, contrasten lo que la Iglesia Luterana practica y cree acerca del Santo Bautismo con lo que practican y creen cristianos de otras iglesias.

3. Repasen la liturgia del Santo Bautismo que se emplea en su iglesia, comentando sobre las palabras y los ritos que contiene. ¿Qué significado puede tener todo esto para su vida diaria?

4. Los israelitas practicaban la circuncisión a los niños varones a los 8 días de nacidos. ¿Cuál era el significado de la circuncisión? ¿En qué es parecida la circuncisión al Santo Bautismo? ¿En qué es diferente? ¿Cómo nos ayuda esto a entender el bautismo de niños pequeños? (Posiblemente les puede ayudar leer Ro 4.11 y Col 2.11-13.)

3. La presencia transformadora de Jesucristo

Una de las bendiciones más grandes de Dios en nuestro mundo moderno son las medicinas. Gracias a ellas, enfermedades que eran mortales hace apenas algunas décadas ahora son curables. Para la gran mayoría de nosotros, la forma en que las medicinas producen su efecto en nosotros es un misterio; no sabemos exactamente cómo funcionan, pero nos consta que hay algo en ellas que en diversos momentos de nuestra vida ha permitido que recuperemos nuestra salud.

Los antiguos cristianos a veces hablaban de la Santa Comunión como una medicina. Todos tenemos una enfermedad común que es el pecado, el cual tarde o temprano produce nuestra muerte. Pero al mismo tiempo, al recibir el cuerpo y la sangre del Señor, recibimos dentro de nosotros una nueva fuerza de vida, que permite que vivamos para siempre. Lee Jn 6.48-63.

➤ *¿Qué nos promete Jesús por medio de la Santa Comunión?*

Sin duda, es difícil para muchos creer que realmente recibimos el cuerpo y la sangre de Jesús junto con el pan y el vino en la Santa Cena, así como fue difícil para los judíos de aquella época. Pero debemos recordar que es el cuerpo y la sangre del Hijo de Dios que ha subido al cielo. Así como milagrosamente multiplicó unos pocos panes y pescados para alimentar a una gran multitud, ahora multiplica su cuerpo y su sangre para compartir su vida con nosotros.

Entre los cristianos, hay diversas maneras de entender la presencia de Jesucristo en la Santa Comunión. Algunos creen que el pan y el vino son transformados milagrosamente, de manera que ya no son pan y vino, sino solamente el cuerpo y la sangre del Señor. Otros creen que el pan y el vino no son realmente el cuerpo y la sangre de Jesús, sino solamente símbolos; si Jesús está presente, es de una manera espiritual. Sin embargo, en la Iglesia Luterana, creemos que cuando Jesús dijo: "Esto es mi cuerpo," y "Esto es mi sangre," no estaba hablando sólo simbólicamente. De alguna manera, recibimos el cuerpo de Cristo al comer el pan, y bebemos su sangre al tomar el vino; pero el pan no deja de ser pan, ni deja el vino de ser vino.

Lo que sucede en la Santa Cena es parecido a lo que sucede en nosotros. Lee Jn 14.23; Ef 3.17; 5.29-32 y Col 1.27.

➤ *¿Qué afirman estos pasajes acerca de Jesucristo y nosotros?*

Al decir que Jesucristo está en nosotros, creemos que la Biblia no habla sólo de una presencia simbólica, sino de una presencia real. Cómo puede vivir en nosotros es un misterio que no podemos comprender. Al habitar él en nosotros, no dejamos de ser las personas de carne y hueso que somos; pero la presencia de Jesucristo en nosotros nos transforma y nos santifica. De la misma manera, creemos que el pan y el vino no dejan de ser pan y vino; pero de alguna manera misteriosa e incomprensible para nosotros, Cristo nos comunica su cuerpo y su sangre a través de ellos. Tenemos su misma vida en nosotros.

Por esta misma razón, hablamos de la comunión como algo *santo*. La palabra *santo* se refiere a algo dedicado a un uso especial y divino. Cuando decimos que el pan y el vino son *consagrados*, esto significa que están dedicados a un uso sagrado: comunicarnos el cuerpo y la sangre de Jesús. Por nuestra participación en los sacramentos, todos nosotros hemos sido *consagrados* y estamos dedicados a algo sagrado; Jesús nos usa como sus instrumentos para hacerse presente en nuestro mundo. Nos llena de su santidad, de modo que todos somos *santos*.

Los cristianos de la antigüedad se referían a los sacramentos como *misterios*. Sin duda, la forma en que Jesús se hace presente y nos transforma a través de los sacramentos es algo que va más allá de nuestro intelecto humano. Pero Jesús no nos pide que entendamos lo que él hace en nosotros; sólo nos pide recibirlo con fe en los sacramentos del Bautismo y la Santa Comunión, para que pueda santificarnos y transformarnos con su presencia.

1. ¿Qué creemos los luteranos en cuanto a la presencia de Jesucristo en la Santa Comunión? ¿Qué bases bíblicas tenemos para creer así?

2. ¿Qué verdades comunica la palabra *misterio* para referirse a los sacramentos?

3. ¿En qué sentido lo que ocurre en la Santa Comunión es parecido a lo que ocurre en todos nosotros?

PARA PROFUNDIZAR

1. Lean los siguientes pasajes, relacionándolos con lo que vimos en esta lección: Lc 24.28-31; Jn 6.1-13 y 1 Co 10.1-4, 16.

2. Con la ayuda de su pastor o maestro, comparen más a fondo las creencias de las distintas iglesias en cuanto a la presencia de Jesucristo en la Santa Comunión. Pueden mencionar también algunas costumbres que tiene la Iglesia Católica Romana, como la adoración de la hostia y la tradición de dar solamente la hostia a los laicos y reservar el vino para los sacerdotes.

3. Muchas iglesias protestantes usan jugo de uva en lugar de vino; algunas no usan hostias, sino galletas o pan. Su pastor o maestro puede explicar por qué usamos vino y hostias, así como excepciones a esta costumbre en algunos casos.

4. ¿Dónde y cómo se guardan los elementos de la Santa Comunión en su iglesia? ¿Creemos que Jesucristo sigue estando presente en el pan y el vino consagrados cuando están guardados?

1. La palabra de Dios es para ti

Una de las materias que todos hemos tenido que cursar en la escuela es historia. Estudiar la historia de nuestro mundo y de nuestra nación nos ayuda a entender quiénes somos, y explica muchas de las realidades presentes que nos rodean. Aprendemos mucho del pasado, lo que nos permite evitar errores pasados y vivir mejor en el presente. Asimismo, cada uno de nosotros tiene su propia historia, que explica en gran parte su forma de ser y de pensar.

Los cristianos también tenemos una historia propia; sus orígenes se encuentran en las Sagradas Escrituras. Esta historia nos enseña quiénes somos, por qué existimos, qué quiere Dios de nosotros, y lo que él ha hecho por nosotros en su gran amor. Lee Sal 77.10-15; 145.4-9.

➤ *¿Por qué es tan importante hacer lo que dicen los salmistas?*

Aunque la Biblia es en su mayor parte una historia que va desde la creación hasta la era apostólica, también contiene muchas otras cosas: leyes, cantos, consejos, exhortaciones y doctrinas. Creemos que todo esto no existe por accidente; Dios quiso que tuviéramos estos escritos para nuestro bien. De hecho, estamos convencidos de que la Biblia no es simplemente una composición hecha por seres humanos, sino que proviene de Dios mismo. Lee 2 Pe 1.20-21.

➤ *¿Qué dice este pasaje acerca de las Escrituras?*

Si el mismo Dios ha inspirado la Santa Biblia, podemos confiar en que lo que nos dice es la verdad. Por eso, como cristianos, basamos todo lo que enseñamos y practicamos en esta palabra de Dios. Creemos que nuestra fe cristiana no es una invención de hombres; tampoco está basada en mitos o leyendas sin fundamento histórico. Dios realmente ha intervenido en nuestra historia. No sólo creó nuestro mundo, sino que ha caminado siempre con nosotros, hablándonos en diversos momentos, diciéndonos cómo es él y qué tipo de relación quiere con nosotros. En el Antiguo Testamento, habló con muchos hombres y mujeres, como Adán y Eva, Noé, Abraham, Moisés, David y todos los profetas. En el Nuevo Testamento, nos habló de una manera más perfecta a través de su Hijo Jesucristo, que enseñó y guió a los apóstoles y a los primeros creyentes no sólo durante su vida terrenal, sino también después de su resurrección y su ascensión al cielo.

Aunque la Biblia habla sobre todo acerca del pasado, habla

también del presente y del futuro. Nos permite entender lo que Dios está haciendo ahora en nuestro mundo y en cada uno de nosotros. Dios tiene un plan y un propósito para cada uno de nosotros como individuos, y para la humanidad entera. La Biblia nos enseña que hay una meta a la que toda la creación está acercándose. Dios establecerá su reino de una manera definitiva algún día, y quiere que todos lleguemos a formar parte de él. Sabiendo esto, podemos orientar nuestras vidas y nuestra conducta a llegar a ser lo que Dios quiere. De esta manera, el pasado, el presente, y el futuro se unen en una sola historia, y cada uno de nosotros puede afirmar que esa historia es suya; todo lo que Dios hizo, hace, y hará es totalmente *por nosotros*, por cada uno de los seres humanos que ha existido, existe, y existirá.

Dios no se ha callado. Por medio de las Sagradas Escrituras, sigue hablándonos hoy. El Espíritu Santo emplea estas Escrituras como su instrumento para seguir guiándonos y comunicándonos su amor y su verdad. Es verdaderamente asombroso ver cómo aprendemos algo nuevo cada vez que leemos la Biblia; la palabra de Dios es siempre fresca y actual. Aun cuando hemos leído algún pasaje muchas veces, al leerlo de nuevo descubrimos en él un nuevo mensaje de Dios para nosotros. ¡Qué libro tan admirable nos ha dado Dios!

1.   ¿Qué cosas contiene la Biblia? ¿Por qué nos la ha dado Dios?

2.   ¿Qué enseña la doctrina de la inspiración?

3.   ¿De qué manera sigue usando Dios la Biblia para hablarnos?

PARA PROFUNDIZAR

1.   Lean los siguientes pasajes, relacionándolos con lo que vimos en esta lección: Sal 119.160; Is 40.8; 55.10-11; Mt 4.4; 15.9 y 2 Pe 1.16.

2.   Discutan más a fondo la doctrina de la inspiración de la Biblia. ¿Cómo inspiró el Espíritu Santo a los sagrados autores?

3.   Su pastor o maestro puede ahondar más en la manera en que los libros bíblicos fueron preservados y transmitidos a través de los siglos, y cómo se formaron los cánones del Antiguo y del Nuevo Testamento.

4.   Algunos cristianos afirman que la Biblia no tiene ningún error de ninguna especie, mientras otros dicen que no debemos entender literalmente ciertos pasajes históricos, sino simplemente fijarnos las verdades más profundas que esos pasajes tratan de comunicarnos. Discutan lo que su iglesia cree al respecto. ¿En qué sentido es la Biblia *infalible*?

2. ¡Dios quiere hablar contigo todos los días!

Entre nosotros, hay una gran variedad de gustos en cuanto a la lectura. Uno sólo tiene que entrar en una librería para ver la enorme cantidad de áreas y temas que le interesa a la gente. Un libro que uno considera de gran interés para su vida personal no le llama la atención a otro en lo más mínimo. Sin embargo, un gusto que todos los cristianos debemos compartir es la lectura de la palabra de Dios. La Biblia es un libro de enorme interés para todos, precisamente porque tiene tanto que decirnos para nuestra vida diaria. Lee Ro 15.4 y 2 Ti 3.15-17.

➤ *¿Para qué nos sirven las Escrituras?*

¿Cómo debemos leer la Biblia? La gran mayoría de los libros se leen comenzando con la página 1 y terminando con la última página. Aunque se puede leer la Biblia así, es un poco difícil, ya que es muy larga y también contiene ciertas partes que a algunos les pueden parecer un poco tediosas (como las listas de leyes o las genealogías). En lugar de proceder así, uno puede elegir un libro en particular y leerlo en el transcurso de varios días. Lo que importa es la constancia en la lectura; no debemos tratar de leer demasiado a la vez, sino ir digiriendo sus enseñanzas poco a poco, examinando cada pasaje que leemos en más detalle, y meditando detenidamente en él.

Nuestro estado de ánimo también puede influir en la elección de los pasajes de la Escritura que leemos. Si nos sentimos tristes, preocupados, o tenemos un motivo especial para agradecer a Dios, podemos encontrar pasajes que hablan a nuestra situación.

Para conocer bien la Biblia, por lo general no basta con simplemente leerla. Hay muchos otros libros que nos ayudan a entender su mensaje, tanto libros devocionales como libros que nos enseñan más de su historia y transfondo. Todo esto nos sirve para que el mensaje bíblico sea más comprensible, aunque en ningún momento debemos dejar a un lado la lectura bíblica para leer sólo este tipo de libros.

La Biblia, sin embargo, no es un libro para leer sólo de manera individual. Lee Hch 5.42; 17.10-11; 1 Co 14.26; Gá 6.6 y Col 3.16.

➤ *¿Cómo usaban las Escrituras los primeros cristianos?*

Es muy importante estudiar la Biblia con otros creyentes, ya sea en la casa con la familia, en la iglesia, o en algún estudio bíblico. Al leer la Biblia en grupo, todos aprendemos los unos de los otros. Dios nos enseña cosas nuevas de nuestros hermanos, y también les enseña a ellos por medio de nosotros.

Lamentablemente, entre muchos miembros de nuestras iglesias, no hay muy buenas costumbres en cuanto a la lectura bíblica. Algunos creen que basta con escuchar un sermón cada domingo para alimentarse con la Palabra; otros creen que una vez que terminaron sus clases para la confirmación, ya saben todo lo que necesitan saber, y que no es necesario seguir estudiando. Estos creyentes pierden algo muy precioso que podría darles mucho gozo y paz en su vida diaria. Aunque es bueno y necesario escuchar la palabra de Dios predicada en la iglesia, es también necesario tener una Biblia en la mano para leerla, estudiarla y comentarla en grupo. El estudio bíblico es tan importante para nosotros como la asistencia a un servicio de adoración.

Es muy importante que desde ahora empieces a desarrollar buenas costumbres en cuanto al estudio bíblico. Lee la Biblia todos los días. Aprende más acerca de ella. Aprovecha las oportunidades que se te ofrecen para estudiarla en la iglesia más a fondo, o para participar en estudios bíblicos los domingos y durante la semana. Lo que encontrarás será un gran tesoro, que cada día aumentará en valor para tu vida.

1. ¿De qué diferentes formas se puede leer la Biblia?

2. ¿Por qué es tan importante leer y estudiar la Biblia con otros, y no sólo de una manera individual?

3. Comparte con otros las costumbres que tienes en cuanto a la lectura de la Biblia en tu casa. Si todavía no tienes esta costumbre, puedes compartir cuáles son tus planes para desarrollarla.

PARA PROFUNDIZAR

1. Lean 2 Pe 3.15-16. ¿Qué dificultades podemos encontrar al leer la Biblia? ¿Qué debemos hacer al respecto?

2. ¿Por qué tienen muchos cristianos malas costumbres en cuanto a la lectura bíblica? ¿Qué se puede hacer para que más cristianos lean la Biblia?

3. Los que han participado en estudios bíblicos en grupo pueden compartir el beneficio que han recibido de tales estudios. ¿Qué beneficios no se reciben cuando uno sólo la lee en privado?

4. Su pastor o maestro (y posiblemente otros miembros de la clase) pueden compartir con los demás algunos de los libros que recomiendan para entender y aprovechar mejor la Biblia. Pueden ser libros devocionales o libros que ayuden a entender el transfondo y el contexto de la Biblia.

3. Tú también puedes hablar con Dios

Un cristiano que vivió bajo un régimen comunista hace algunos años observó una vez que cuando se encontraban en dificultades y problemas, los hombres más ateos también oraban, pidiéndo ayuda a Dios. La oración es algo común a casi todos los seres humanos, sin importar su religión. Todos necesitamos la ayuda de Dios, y en determinados momentos se la pedimos. Sin embargo, para el cristiano, la oración tiene que ser mucho más que eso. Lee Ef 6.18; 1 Ts 5.17 y 1 Ti 2.8.

➤ *¿Cuándo y dónde debemos orar?*

A través de nuestro curso, hemos visto que el mayor anhelo de Dios es que vivamos en comunión con él por medio de su Hijo. Para vivir en comunión con alguien, la comunicación es indispensable. No podemos convivir plenamente con una persona sino hablamos y compartimos nuestras vidas y pensamientos con ella. Lo mismo ocurre en nuestra relación con Dios. Ya hemos visto cómo nos habla Dios, a través de su Palabra y los sacramentos. Pero para hablar nosotros con él, necesitamos orar. Aunque él sabe lo que sentimos y necesitamos, nos pide que lo compartamos con él para nuestro propio beneficio.

Uno de los pasajes que acabamos de leer habla de "orar sin cesar." Al decir esto, seguramente San Pablo no quiere decir que debemos pasar 24 horas todos los días orando de rodillas. Más bien, lo que quiere decir es que siempre debemos tenerlo a Dios presente en nuestras vidas. En otras palabras, debemos estar concientes de la presencia de Dios en nosotros y estar en comunicación constante con él, aun cuando estemos ocupados en diversas actividades. Eso es lo que dice San Pablo al exhortarnos a orar en todo momento.

¿Cómo debemos orar? La Biblia habla mucho sobre este punto. Lee Mt 6.5-13; Lc 6.28; 11.5-13; Ef 5.20; Fil 4.6; 1 Ti 2.1-2 y Stg 5.13-16.

➤ *¿Qué dicen estos pasajes acerca de la oración?*

La vida de oración de muchos de nosotros es defectuosa por varias razones. Primero, porque a veces sólo oramos cuando tenemos alguna necesidad. Una vez pasada la dificultad, ni siquiera nos acordamos de darle gracias a Dios. Segundo, porque muchas veces nuestras oraciones tienden a ser egoístas. Aunque es muy importante presentar ante Dios nuestras necesidades, también debemos orar por otros. ¿Cómo podemos amar a otro y no orar a Dios por él? Y tercero, porque a veces somos muy inconstantes en nuestras oraciones. Pedimos algo a Dios una sola vez, y si no nos lo concede, nos damos por vencidos y dejamos de pedírselo.

Al orar, debemos recordar siempre que Dios hará lo que es mejor para nosotros. Cuando nos dice que nos concederá todo lo que le pidamos, esto no significa que la oración es una fórmula mágica para obtener lo que queramos. Más bien, Dios nos dice como un padre amoroso dice a sus hijos: "Yo los amo, y quiero compartir todo lo que tengo con ustedes. Pídanme lo que quieran, porque los quiero colmar de bendiciones. Prometo siempre darles lo mejor."

Hay diferentes tipos de oraciones. Podemos usar oraciones bíblicas como el Padrenuestro o también otras oraciones que encontramos escritas en libros devocionales. Así aprendemos a orar mejor. Pero todos también debemos aprender a orar en nuestras propias palabras, para comunicarle a Dios nuestros sentimientos personales más profundos.

También es importante orar junto con otros creyentes. A Dios le agrada ver que sus hijos se unen en oración para hablar con él en grupo.

La oración, así como la lectura de la Biblia, es indispensable para vivir una vida cristiana plena y abundante. Empieza desde ahora a desarrollar buenas costumbres en cuanto a la oración si todavía no lo has hecho. Así irás creciendo siempre en tu comunión con Dios y con tus hermanos en la fe.

1. ¿Qué bendiciones trae a nuestras vidas la oración?

2. ¿Qué defectos presentan a veces nuestras oraciones? ¿Cómo podemos corregir esos defectos?

3. Comparte con otros tus experiencias y costumbres en cuanto a la oración. Luego, puedes mencionar cómo mejorar tu vida de oración.

PARA PROFUNDIZAR

1. Lean Lc 5.16; 6.12; 10.21; 22.39-44. ¿Qué podemos aprender de la vida de oración de Jesús?

2. Comparen Jn 16.23-24 con 2 Co 12.7-9. Algunos cristianos afirman que si uno no recibe lo que pide en oración, es porque no tiene suficiente fe. ¿Fue así en el caso de Pablo? ¿Por qué no recibió lo que le pidió a Dios? ¿Cómo debemos interpretar, entonces, el primer pasaje de Jn 16?

3. En la Iglesia Luterana, creemos que sólo debemos dirigir nuestras peticiones a Dios (ya sea al Padre, al Hijo o al Espíritu Santo), y no a otras personas, como la Virgen María o a los santos. Su pastor o maestro puede compartir porqué oramos sólo a Dios y contestar cualquier duda o pregunta que tengan al respecto.

4. Vean en detalle el Padrenuestro. ¿Qué significa cada petición? ¿Cómo podemos evitar el problema de recitar ésta y otras oraciones parecidas sin pensar en lo que estamos diciendo?

1. Sal y levadura

Si alguna vez has hecho pan, sabes la diferencia que una cantidad muy pequeña de sal y levadura hacen. Sin sal, el pan sale insípido y no nos gusta comerlo; y sin levadura, la textura del pan resulta muy dura y difícil de masticar.

La Biblia usa este mismo ejemplo de la sal y la levadura para hablar de la presencia de los cristianos en el mundo. Lee Mt 5.13; 13.33; Mr 9.50 y Gá 5.9.

➤

¿Qué dicen estos pasajes acerca de la sal y la levadura?

Si los cristianos somos como sal y levadura, es porque tenemos una misión en este mundo: nuestra presencia y actividad debe cambiar el mundo en que vivimos. Queremos traer paz y amor al mundo. Queremos que el reino de Dios vaya creciendo como una masa enleudada, extendiéndose para incluir a otros.

Previamente hemos visto que Dios tiene un plan para nuestro mundo. Lee 1 Co 15.24-28; Ef 1.9-10 y 2 Ti 1.9-10.

➤

¿En qué consiste el plan o propósito de Dios?

A través de la historia, Dios ha estado obrando para llevar a cabo su plan; eligió a Abraham, Isaac y Jacob y sus descendientes para este fin, y después siguió obrando por medio de su pueblo Israel. Sin embargo, su acción definitiva consistió en enviar a su amado Hijo para salvar y transformar nuestra existencia humana a través de su vida, muerte y resurrección. Todo lo que hizo Jesús tuvo el propósito de realizar el plan de Dios, uniendo a todos a sí mismo para que todos puedan ser uno con Dios. Pero esta actividad no ha terminado; sigue trabajando con el mismo fin a través de nosotros, que somos miembros de su cuerpo. Nosotros somos sus instrumentos para unir a todos con él y así establecer su reino entre nosotros y todos los seres humanos.

Podemos saber lo que Jesucristo quiere hacer a través de nosotros si miramos lo que él hizo durante su vida en la tierra. Lee Mt 9.35-38.

➤

¿Qué hizo Jesucristo durante su vida?

¿Qué lo movió a hacerlo?

Si en verdad estamos unidos a Jesucristo por la fe, no podemos dejar de sentir su misma compasión por todo el mundo. Como él, queremos compartir el amor de Dios con otros, acompañarlos en sus sufrimientos para sanarlos y aliviar su dolor, enseñarles a vivir en el reino y darles fuerzas y ánimo para hacerlo. Queremos poner nuestras vidas al servicio de los demás, como nuestro Señor y Maestro.

Jesús nos llama a hacer esto de diversas formas. Como individuos, todos nos encontramos en situaciones concretas en las que Jesús quiere usarnos como sus instrumentos. Somos llamados a mostrar su amor y compasión con nuestros familiares, vecinos y amistades, pero también a personas a quienes apenas conocemos.

También somos llamados a hacer esto en compañía con otros cristianos. Unidos con ellos, podemos hacer muchas cosas que un solo individuo no puede lograr. Por eso es tan importante que participemos activamente en la iglesia, buscando servir a otros en un esfuerzo colectivo.

Como Jesús, queremos cumplir con el mismo propósito de Dios: reunir todas las cosas y a todas las personas en su Hijo; hacer que Dios llegue a ser *todo en todos*. Así como Dios quiso expandir su círculo de amor trinitario al crear el mundo, los que hemos sido incorporados a ese círculo de amor queremos que se extienda a los demás. Como sal y levadura, nuestro mayor anhelo es llenar el mundo con la amorosa presencia del Señor.

1. ¿Qué cosas concretas podemos hacer para que el plan o propósito de Dios para nuestro mundo se vaya haciendo realidad?

2. ¿Qué debemos sentir hacia todos los seres humanos? ¿Cómo debemos manifestar ese sentimiento?

3. Menciona algunas formas concretas en las que como individuo puedes cumplir con el propósito de Dios, y luego otras formas concretas en como la iglesia puede trabajar en el mundo para realizar ese mismo propósito.

PARA PROFUNDIZAR

1. Lean y comenten los siguientes pasajes, relacionándolos con lo que vimos en esta lección: Lc 9.1-6; 10.25-37; 2 Co 5.18-20; Stg 1.27 y 1 Jn 3.16-18.

2. Lean Sal 146.6-9; Jr 22.3 e Is 61.1-3. ¿Qué tienen que ver estos pasajes con la misión de la iglesia? ¿Qué significa *hacer justicia* en los primeros dos pasajes? ¿De qué manera podemos lograr que se establezca la justicia de Dios entre nosotros y en nuestra sociedad?

3. ¿Qué podemos hacer para llegar a sentir la misma compasión que sintió Jesús por todos los que sufren?

4. Muchos cristianos hablan de la misión de la iglesia únicamente en términos de *salvar almas*. ¿Se ocupó Jesús solamente por las almas de los que lo rodeaban? ¿Se ocupó sólo por su bienestar físico o corporal? ¿Qué nos enseña esto?

2. ¡Comparte la alegría que tienes!

Siempre que algún equipo gana un campeonato en algún deporte, la gente que vive en la ciudad o país que ese equipo representa sale a las calles a festejar el triunfo. Su alegría parece no tener límites; hay gritos de júbilo y emoción por dondequiera. Por supuesto, todos podrían quedarse en su casa y celebrar su victoria en soledad, pero no sería igual. Cuando estamos muy contentos por algo, queremos compartir ese gozo con otros.

Como cristianos, tenemos motivos mayores que la victoria de algún equipo para estar gozosos. Lee Lc 8.39; Hch 8.4 y Ro 10.14-15.

¿Qué nos motiva a compartir el evangelio con otros?

En realidad, es imposible ser un creyente fiel y no compartir las buenas nuevas de la salvación en Jesucristo con otros. Si Cristo en verdad está vivo en nosotros, nos sentiremos impulsados por su mismo amor a compartir lo que tenemos en él con los que nos rodean. De hecho, no podremos callarnos.

Para muchos cristianos, la evangelización parece ser algo muy difícil. Se imaginan que evangelizar significa salir a las calles y hablar con gente desconocida. Pero, aunque se puede evangelizar así, hay maneras mejores y más naturales. Evangelizar significa compartir el amor de Dios en palabra y hecho con los que nos rodean. Compartimos el evangelio cuando servimos a los demás en sus diversas necesidades, cuando tenemos palabras de ánimo y edificación para otros. Lo que queremos es que los demás vean a Jesucristo en nosotros, y al verlo, se sientan atraídos a él. Lee Mt 5.14-16; 1 Ti 3.7; 4.12 y Tit 2.6-8.

¿Qué importancia tiene nuestra conducta en la evangelización?

Nuestras acciones hablan más fuerte que nuestras palabras. Si no vivimos de acuerdo con el evangelio, será muy difícil que otros se sientan atraídos a Jesús, no importa lo que digamos. Pero a veces, aun cuando no mencionamos el evangelio de una manera explícita, la gente ve ese evangelio en nuestro comportamiento, y ellos mismos nos preguntan acerca de lo que nos hace vivir de esa manera.

Por supuesto, esto no significa que no debemos hablar acerca de Dios y su Hijo de manera más explícita con los demás. Lee Hch 1.8; 10.42; 1 Pe 3.15 y 1 Jn 1.2-3.

¿Qué nos dicen estos pasajes acerca de la evangelización?

Varios de estos pasajes hablan de ser *testigos* o de *testificar*. Un testigo es alguien que ha visto o experimentado algo, y luego se lo comunica a otros. Más que nada, en eso consiste la evangelización.

Evangelizamos, no predicando desde un pedestal, ni gritando en público, "¡arrepiéntanse, pecadores!", sino simplemente compartiendo con otros lo que hemos experimentado en nuestra vida cristiana. Les contamos de las bendiciones que hemos recibido de parte de Dios, del gozo y de la paz que el perdón de Jesús trae a nuestro corazón, y de la esperanza que tenemos en él. Así como los que eran sanados por Jesús simplemente relataban a sus amigos, familiares y conocidos lo que él había hecho por ellos, nosotros no tenemos que hacer más que contar lo que Jesús ha hecho en nuestras vidas.

El último pasaje que leímos de 1 Juan nos dice cuál es nuestro objetivo al evangelizar: queremos que otros tengan comunión con Dios y con nosotros. No tenemos por qué avergonzarnos ni ser tímidos al evangelizar. Así como compartimos otros tipos de buenas noticias con los demás con gusto, también podemos compartir el evangelio de Jesucristo con el mismo gusto. Ese evangelio no es más que una invitación que hacemos a otros para que conozcan el amor de Dios en Jesucristo. Evangelizar no es criticar, ofender, ni imponer algo a otros, sino invitarlos a conocer algo maravilloso.

Comparte lo que has recibido de Dios con otros. ¡Los harás muy felices!

1. ¿Qué nociones equivocadas tienen muchos cristianos acerca de la evangelización? ¿Cuál es la mejor manera de evangelizar?

2. ¿Qué nos motiva a evangelizar? ¿Por qué no podemos dejar de compartir el evangelio con otros si estamos viviendo unidos a Jesucristo?

3. ¿Qué temores sienten muchos cristianos al compartir el evangelio? ¿Qué formas de evangelización nos ayudan a superar esos temores?

PARA PROFUNDIZAR

1. Lean los siguientes pasajes, relacionándolos con lo que vimos en esta lección: Mt 10.32-33; Mr 1.40-45; Hch 4.13-20; Ro 1.16 y 1 Pe 2.11-15.

2. Discutan la forma en que podemos evangelizar de una manera más eficaz. ¿A quiénes podemos y debemos evangelizar? ¿Cómo lo podemos hacer?

3. Compartan sus experiencias en cuanto a la evangelización. ¿Cómo lo han hecho? ¿Qué dificultades han encontrado? ¿Han hallado alguna manera natural de evangelizar que les parezca fácil?

4. ¿Por qué es tan importante nuestra conducta si queremos evangelizar a otros? ¿Cómo podemos evangelizar mejor a través de nuestra conducta?

3. Eres diferente

Para casi todos nosotros es importante ser popular y reconocido entre nuestros semejantes. Una de las formas de lograr esto es tratar de ser como ellos. Muchas veces hablamos o nos vestimos de cierta manera, porque así lo hacen los demás. No queremos ser diferentes cuando eso significa que otros se ríen de nosotros o nos rechazan.

Sin embargo, el ser cristiano significa que nuestra forma de vivir y obrar será diferente de la de los no creyentes en muchos aspectos. Lee Jn 17.14-16; Ro 12.2 y Stg 4.4.

➤

¿Qué dicen estos pasajes acerca de nuestra relación con el mundo?

No cabe duda de que la vida cristiana nos ofrece muchas alegrías y satisfacciones. Sentimos paz y esperanza, y nuestras relaciones con otros son mejores y más ricas. Pero al mismo tiempo, sabemos que seguir a Cristo también trae ciertos conflictos a nuestra vida. Así fue con él: su vida terrenal, ofrecida a favor de los demás, produjo muchos enfrentamientos con otros, y finalmente fue crucificado por lo que hizo y dijo. Jesús sabía que esto le sucedería también a sus seguidores. Lee Mt 10.34-38 y 2 Co 11.23-28.

Afortunadamente, el mundo ha cambiado en muchos aspectos; aunque todavía hay cristianos en ciertas partes del mundo que encuentran ese tipo de persecución, la mayoría de nosotros no tenemos que sufrir de esa manera por nuestra fe. Sin embargo, a veces las persecuciones son más sutiles; sentimos cierto rechazo de parte de otros, y no somos bien aceptados. En esos momentos, es fácil caer en la tentación de abandonar nuestros ideales cristianos y conformarnos al mundo. Sin embargo, debemos recordar lo que Jesús nos dice en Mt 5.10-12. Lee ese pasaje.

Por supuesto, ninguno de nosotros quiere sufrir. Aunque no rehuían ante la persecución, ni Jesús ni Pablo buscaban ser perseguidos. Más bien, lo que buscaban era extender el reino de Dios y lograr que más personas se incorporaran a él. Pero al hacerlo, encontraban oposición. Lee Ef 6.12 y 1 Pe 5.8-9.

➤

Según estos pasajes, ¿por qué podemos esperar oposición al seguir a Jesús?

Vivir como cristiano significa entrar en una lucha. Así como Dios lucha contra la maldad, porque echa a perder su creación y oprime a los seres humanos que tanto ama, nosotros también queremos vencer el mal, tanto dentro de nosotros mismos como dentro del mundo que nos rodea. Esto no significa que sentimos odio ni rencor contra el mundo; al contrario, amamos al mundo y a todos los seres humanos, como Dios lo hace. Pero precisamente por eso, no queremos que el mal triunfe. Queremos que haya paz, justicia y comunión en nuestro mundo, y la única forma de lograr eso es oponiéndonos a la maldad. Esto no significa usar la violencia; ni tampoco significa odiar, juzgar o hacerle daño a los demás. Lee Mt 5.43-45 y Ro 12.17-21.

➤ *¿Cómo debemos luchar contra el mal?*

Lo que siempre debemos buscar en cada situación en que nos encontramos es el bienestar de nuestro prójimo. Esto no significa hacer lo que él quiere o nos pide, ni permitir que nos haga daño a nosotros o a otros. Más bien, significa buscar la paz con justicia, haciendo lo que contribuya a establecer la comunión entre Dios y los seres humanos, y entre ellos mismos. Esto es lo que Dios espera de nosotros.

No es fácil ser diferente a los demás; pero siempre debemos tratar de agradar a Dios antes que a los hombres. Lo que nos motiva a hacerlo es el gran amor que Dios puso en nosotros, y la alegría de saber que estamos contribuyendo a un mundo mejor y más justo para todos. Por otro lado, Jesús prometió recompensar nuestras buenas obras (Mt 10.42).

1. ¿Qué tipos de persecución encontramos al seguir a Jesús? ¿Cómo debemos responder ante esa persecución?

2. ¿Qué nos motiva a luchar contra el mal y las injusticias? ¿De qué manera debemos luchar?

3. Comparte las formas de oposición y persecución que has encontrado al seguir a Jesucristo. ¿Cómo respondiste?

PARA PROFUNDIZAR

1. Lean los siguientes pasajes y relaciónenlos con lo que vimos en esta lección: Mt 23.13-15, 29-31; Mr 11.15-18; Jn 15.18-25 y 1 Pe 2.20-23; 4.12-14.

2. En ciertas situaciones, podemos pensar que al negar nuestros ideales cristianos y conformarnos a los demás, seremos mejor aceptados. En realidad, ¿sucede así? ¿Qué opinan de nosotros los demás cuando logran que caigamos y neguemos nuestra fe? ¿Tienen una mejor opinión de nosotros?

3. ¿Qué diferencia hay entre simplemente buscar la paz, y buscar la paz con justicia? ¿Por qué debemos hacer lo segundo?

4. Muchas veces una iglesia o denominación se pronuncia públicamente en contra de algo que sus miembros consideran una maldad o injusticia (como el aborto, el racismo, etc.). ¿Para qué sirve esto? Aparte de hacer declaraciones públicas, ¿cómo pueden unirse los cristianos para luchar contra el mal y tratar de lograr la paz con justicia en el mundo?

1. La muerte: un paso a la vida

Pensar en la muerte, y en particular nuestra propia muerte, siempre es inquietante. Por una parte, es interesante hablar de la muerte, porque todos quisiéramos saber más acerca de ella; es algo misterioso y fascinante. Pero, por otra parte, a veces preferimos evitar ese tema, porque le tenemos cierto miedo; nadie quiere morir.

La Biblia habla mucho de la muerte. Dice que la muerte es consecuencia del pecado. Aunque a veces hablamos de la muerte como un castigo, en realidad es más que eso: es una transformación. Lee Jn 13.1; 16.28.

Para Jesús, ¿qué significaba su muerte?

La muerte ha existido desde que el pecado entró en el mundo para llenarlo de dolor y sufrimiento. En su gran amor, Dios no quería que esta situación permaneciera para siempre; pero tampoco quería destruir el mundo, pues eso habría significado perder para siempre a los seres humanos a quienes amaba. A través de la muerte, entonces, podemos salir de este mundo sin dejar de existir; como Jesús, y gracias a él, podemos ir con Dios. Dios quiere, entonces, que la muerte sea un paso a la vida, la verdadera vida que consiste en gozar siempre de su presencia amorosa.

Sin embargo, no toda muerte consiste en un paso a la vida. Jesús fue recibido por Dios porque él se ofreció a su Padre en amor, no sólo al morir, sino durante toda su vida. Su vida fue una ofrenda constante de sí mismo a Dios, y Dios recibió esta ofrenda al resucitar a Jesús y llevarlo a su presencia. Para que nuestra muerte sea un paso a la vida, tiene que suceder lo mismo en nosotros. Necesitamos ofrecerle a Dios nuestra vida, pidiéndole que nos acepte en su bondad y su misericordia. Por supuesto, esto no lo podemos hacer por nuestras propias fuerzas; solamente lo puede hacer Jesucristo en nosotros. Él viene a vivir en nosotros por medio del Santo Bautismo, y luego con amor ofrece nuestra vida a Dios.

Nuestra muerte, entonces, está íntimamente ligada con nuestra vida. Si en la vida, Jesucristo ha estado con nosotros y nos ha llenado de su presencia, también estará con nosotros en la muerte para llevarnos a la presencia de nuestro amado Padre celestial (Ro 14.7-9). Para quienes vivimos en comunión con Dios en este mundo, la muerte sólo prolongará y perfeccionará esa comunión para siempre. En cambio, para quienes se han negado a vivir en esa comunión con Dios, y han rechazado la vida ofrecida por su Hijo, la muerte no será un paso a la vida, sino una privación de la presencia de Dios. Dios no puede forzar a nadie a amarlo y vivir en comunión con él; si rechazamos esa comunión, la perdemos, pero si vivimos en ella ahora, seguiremos viviendo en ella por toda la eternidad. La Biblia habla en dos sentidos acerca de la situación de los que han muerto en el Señor. Compara 2 Co 5.6-8 y Fil 1.23 con Jn 11.11-14 y 1 Ts 4.13-14.

➤ *¿Qué dicen estos pasajes acerca de la muerte?*

Según la Biblia, los que mueren en el Señor están con él en su presencia; pero al mismo tiempo, están en un sentido *dormidos*. Sin duda, esto es difícil de entender. Pero lo que la Biblia quiere decir es que aunque al morir, vamos con Dios, ése no es el fin de todo. Lee Jn 6.44; 1 Co 15.51-56 y 1 Ts 4.15-17.

➤ *¿De qué hablan estos pasajes?*

Algún día todos resucitaremos corporalmente como resucitó Jesús. Nuestra transformación no será completa hasta ese día. La Biblia dice que no sólo seremos transformados nosotros, sino toda la creación (Ro 8.20-23). Entonces el reino de Dios se establecerá de una manera perfecta entre nosotros. Nuestro mundo llegará a ser lo que Dios siempre había querido: un mundo libre de dolor, sufrimiento y muerte, en el que él habitará con nosotros para llenarnos a nosotros y a todo el universo con su presencia amorosa. ¡Qué hermoso será ese día, un día que nunca tendrá fin!

1. ¿Tiene la muerte algún propósito? ¿Cuál es?

2. ¿En qué sentido está nuestra muerte íntimamente ligada con nuestra vida?

3. ¿Qué sucede cuando morimos en el Señor? ¿En qué sentido es la muerte como un sueño del cual despertaremos?

PARA PROFUNDIZAR

1. Lean los siguientes pasajes, relacionándolos con lo que vimos en esta lección: Lc 23.43; Ro 8.20-23; 1 Co 15.20-52 y 2 Ts 1.8-10.

2. Es fácil decir que no debemos sentir miedo ante la muerte, sin embargo, nos inquieta pensar en ella. Discutan los temores que sienten ante la muerte. ¿Cómo podemos superar este miedo y sentirnos más tranquilos ante la muerte?

3. Aunque la muerte es un paso a la vida, es un paso muy doloroso, no sólo para el que muere, sino particularmente para los que permanecen aquí. Además de compartir la esperanza que tenemos en Cristo, ¿de qué otra forma podemos ayudar a los que han perdido a un ser querido? ¿Qué les podemos decir?

4. Discutan otras cuestiones relacionadas con el tema de la muerte que les interesen (cosas que han leído, testimonios de los que supuestamente han muerto y luego vuelto a la vida, el tema del suicidio, u otras).

2. Todos seremos juzgados

Cualquier persona que haya tenido que ser juzgada en una corte de justicia sabe que es una experiencia terrible. Aun cuando sólo sea por una infracción menor, uno no puede dejar de sentir una gran ansiedad al presentarse delante del juez y escuchar los cargos en su contra.

Según la Biblia, algún día todos seremos juzgados delante de Dios. Lee Mt 25.31-33, 46; Ro 2.5-8 y 2 Co 5.10.

➤

¿Qué dicen estos pasajes acerca de la manera en que seremos juzgados?

Si presentarnos ante un juez humano es una experiencia terrible, ¡cuánto más terrible debe ser el tener que presentarnos ante el Juez Divino que determinará nuestra suerte por toda la eternidad! Aunque sabemos que Dios nos ama, es importante recordar también que él no acepta la maldad. Nos advierte claramente que si persistimos en hacer lo malo, lastimando a otros y negándonos a amarles y servirles, no podremos estar en su presencia.

Por supuesto, sabemos que ningún ser humano es perfecto; aun los cristianos hacemos cosas que van en contra de la voluntad de Dios: por lo tanto, Dios nos llama a todos al arrepentimiento. Él quiere vivir en nuestros corazones a través de su Espíritu Santo, para limpiarnos y purificarnos de toda maldad. En realidad, no pide que nosotros mismos cambiemos, sino que permitamos que él nos cambie. Lee Sal 51.17; Hch 2.36-38; 17.30-31 y 2 Co 7.9-10.

➤

Según estos pasajes, ¿qué quiere Dios que hagamos?

Estos pasajes, en realidad, hablan de tres cosas. Sin duda, Dios quiere que nos arrepintamos por el mal que hemos hecho. ¿Cómo no vamos a sentir tristeza por haber desobedecido y ofendido a nuestro Padre celestial? Sin embargo, no basta con estar arrepentidos; el mismo Judas se arrepintió de haber traicionado a Jesús, pero su arrepentimiento no sirvió para nada bueno. La segunda cosa que Dios quiere es que le pidamos perdón, no sólo a él, sino también a los que hemos ofendido. Pedir perdón es el acto por medio del cual nos acercamos nuevamente a Dios; le decimos que no queremos seguir alejados de él, y que queremos que nos acepte nuevamente. Si no le pedimos perdón, es obvio que no nos importa vivir como sus hijos en su presencia.

Pero esto no es suficiente. Si en realidad estamos arrepentidos, no queremos volver a ofender a nuestro Padre. Queremos cambiar y ser diferentes. ¿Cómo vamos a decirle a Dios: "Te amo, pero no quiero ser diferente; no quiero obedecerte ni hacer tu voluntad"? Por lo tanto, todas estas cosas son necesarias: arrepentirse, pedirle perdón, y pedirle que nos ayude a cambiar y cumplir su voluntad.

Es importante recordar que cuando nos acercamos a Dios para pedirle perdón, lo que hemos hecho en el pasado queda borrado delante de él. No importa si hemos hecho cosas horribles que parecen imperdonables. Dios *siempre* recibe con amor a los que se acercan a él a pedirle perdón de una manera sincera. *Nunca niega su perdón a quien se lo pide.* Si Jesús perdonó a los que lo crucificaron, ¿cómo no te va a perdonar a ti?

Todo esto significa que si confiamos en Dios, no tendremos nada que temer cuando nos juzgue. Podemos estar completamente seguros de que él nos recibirá en sus brazos, ya no como juez, sino como nuestro amigo íntimo. Los únicos que tendrán que temer el juicio son los que se han negado a pedirle perdón.

Dios no quiere que sus hijos le tengan miedo, sino que lo amen como él los ama. Si uno se niega a vivir en comunión con él, Dios le advierte que perderá esa comunión para siempre; no porque Dios no lo ame, sino porque Dios no puede ser Padre de los que no quieren ser sus hijos. Pero si vives como su hijo, aun cuando no seas un hijo perfecto, no tendrás nada que temer; tu Padre misericordioso te recibirá en sus brazos para que estés con él eternamente.

1.   ¿Qué nos pide Dios? ¿Rechaza en algún momento a los que desean acercarse a él?

2.   ¿Quiénes deben temer el juicio final? ¿Quiénes no deben sentir miedo alguno?

3.   ¿Es posible estar sinceramente arrepentido sin querer cambiar? ¿Qué tiene que ver esto con el hecho de que seremos juzgados en base a nuestras obras?

PARA PROFUNDIZAR

1.   Lean los siguientes pasajes, relacionándolos con lo que vimos en esta lección: Is 1.16-20; 1 Jn 1.7-10; 4.17-18 y Ap 20.10-15.

2.   Lean Lc 23.34, 39-43. ¿Qué nos enseñan estos versículos? Aunque Cristo perdonó a los que lo crucificaron, ¿significa eso que son salvos, si después no se acercaron a Dios para vivir en comunión con él?

3.   Tanto la Biblia como el Catecismo de Martín Lutero hablan de *temer a Dios*. Con la ayuda de su pastor o maestro, discutan lo que significa esta frase. ¿Qué concepto debemos tener de Dios?

4.   Lean Mt 13.24-30, 36-43, 47-50. Según estos versículos, ¿qué propósito tiene Dios al juzgar al mundo? ¿Simplemente castigar por castigar, o destruir la maldad para que sus hijos ya no sufran? ¿Cómo podemos, entonces, relacionar su acción de juzgar con su amor?

3. Jesús vendrá de nuevo

Una visita inesperada puede ser algo desconcertante y hasta penoso. Muchas veces llega alguien a vernos cuando no estamos preparados para recibirlo. A veces estamos ocupados en otra cosa que no podemos dejar fácilmente en ese momento, o la casa no está en orden, o no tenemos nada que ofrecerle al visitante. Por lo general, no nos gustan las sorpresas de este tipo.

Por eso, siempre preferimos estar preparados para recibir visitas. Aun cuando no sepamos exactamente a qué hora van a llegar, si sabemos que en algún momento van a venir, podemos tener todo listo para darles el recibimiento que merecen.

Lo mismo sucede con Jesús. Él nos ha dicho que vendrá de nuevo en su gloria, pero no nos ha dicho cuándo. Lee Lc 21.25-36.

➤ *¿Qué nos dice este pasaje acerca de la segunda venida de Jesucristo?*

Aunque Jesús habla de ciertas señales que indicarán que la hora de su venida está próxima, también afirma que no podemos decir con precisión cuándo será. Lee Mr 13.32; Lc 12.35-40 y 1 Ts 5.1-4, 8.

➤ *¿Qué afirman en común estos pasajes?*

Cuando uno tiene su casa en orden, y tiene todo listo para recibir una visita imprevista en cualquier momento, no tiene que preocuparse acerca de cuándo llegará esa visita. Lo mismo podemos decir acerca de la segunda venida del Señor. Si estamos viviendo en la fe y haciendo lo que Dios desea, y todo está en orden en nuestras vidas, no tenemos nada que temer; Jesucristo puede venir en cualquier momento, y estaremos listos para recibirlo. Pero si estamos viviendo de una manera indebida, Jesús nos advierte que no tardemos en corregir lo que anda mal, porque nuestra suerte eterna está en peligro.

Por supuesto, aun cuando no venga de repente Jesús, lo que sí puede venir en cualquier momento es nuestra muerte. Hay muchas formas de muerte repentina que nos pueden sorprender. Muchas personas han muerto inesperadamente pensando que tal cosa no les podía suceder. Por lo tanto, siempre debemos estar preparados para presentarnos ante Dios.

Desde los primeros años después de la muerte y la resurrección de Jesús, los cristianos han estado esperando su segunda venida. Sin embargo, el hecho de que aún no haya venido no debe llevarnos a pensar que ya no va a venir. Lee 2 Pe 3.3-10.

➤ *Según este pasaje, ¿por qué no ha venido Jesús todavía?*

Aunque debemos estar listos para la segunda venida de Jesucristo en cualquier momento, esto no significa que debemos obsesionarnos con la fecha y la hora de su venida, pues podemos descuidar otras cosas importantes. Hay muchos cristianos que han dedicado mucho tiempo y esfuerzo a tratar de determinar precisamente cuándo vendrá el Señor. Pasan mucho tiempo leyendo libros bíblicos como Ezequiel, Daniel y el Apocalipsis, y hablan constantemente de cosas como la venida del anticristo, el rapto, el milenio y la guerra del Armagedón.

Aunque es bueno conocer lo que la Biblia enseña sobre estas cosas, debemos siempre recordar que no es posible precisar la fecha de la segunda venida de Jesucristo. Ni tampoco podemos entender plenamente todo lo que la Biblia dice acerca del fin del mundo. Por lo tanto, no debemos obsesionarnos con estas cuestiones ni preocuparnos demasiado por ellas, por varias razones: primero, porque los que escriben y hablan de estas cosas siempre se han equivocado, sus predicciones no se han cumplido. En segundo lugar, lo que le agrada a Dios es que aprovechemos nuestro tiempo sirviéndole a él y a nuestro prójimo. Eso sirve para edificación, mientras que pasar mucho tiempo discutiendo acerca del fin del mundo no edifica a nadie. En tercer lugar, debe ser suficiente para nosotros saber que Dios nos salvará y creará los nuevos cielos y la nueva tierra cuándo y cómo él quiera; ¿para qué tenemos que saber todos los detalles? ¡Basta con saber que estaremos con él gozando de su presencia por toda la eternidad!

1. ¿Qué cosas nos dice la Biblia acerca de la segunda venida de Jesucristo?

2. ¿De qué manera podemos estar preparados para presentarnos ante Dios?

3. ¿Por qué no es bueno estar demasiado preocupado por saber los detalles de lo que sucederá al fin de los tiempos?

PARA PROFUNDIZAR

1. Lean los siguientes pasajes, relacionándolos con lo que vimos en esta lección: Mt 24.3-28; 25.1-13 y Ap 21.1-22.7.

2. Lean Ef 5.15-16 y Col 4.5. ¿Qué tienen que ver estos pasajes con la manera en que debemos anticipar la segunda venida de Jesús? ¿Cómo podemos aprovechar mejor nuestro tiempo?

3. La lección menciona algunos temas como el anticristo, el rapto, el milenio y Armagedón. Su pastor o maestro puede comentar algo sobre estas cosas y contestar sus dudas y preguntas al respecto.

4. Discutan brevemente el contenido del libro del Apocalipsis. ¿Por qué creen que es tan fascinante para muchos estudiar ese libro? ¿Cómo debemos interpretarlo? ¿Por qué creen que Dios nos dio este libro?

1. Una comunión imperfecta

Todos sabemos que, por más que tratemos de obedecer los impulsos del Espíritu Santo que Dios nos ha dado, en muchas ocasiones fallamos. Ninguno de nosotros es perfecto. Gracias al poder de Jesucristo que mora en nosotros, podemos hacer muchas cosas buenas y agradables ante los ojos de nuestro amado Padre; pero, en algunos momentos, seguimos cayendo.

Así como lo bueno y lo malo está en todos los creyentes como individuos, así también ha habido siempre cosas buenas y malas en la iglesia, la comunidad de los creyentes. Lee Hch 2.44-47; 1 Co 1.11 y Ap 2.1-5, 12-16; 3.15-19

➤

¿Qué nos dicen estos pasajes acerca de la iglesia primitiva?

Según estos pasajes, es evidente que desde el principio, había cosas buenas y malas en la iglesia. Por una parte, había mucho amor y unión entre creyentes, y muchos llevaban vidas ejemplares; pero, por otra parte, había quienes enseñaban doctrinas falsas y causaban escándalos y divisiones.

La iglesia cristiana sufrió mucho durante sus primeros siglos. Enfrentó muchas persecuciones. Aunque esto fue doloroso, sirvió para purificar a la iglesia, pues sólo los creyentes más fieles y convencidos permanecían en la iglesia durante tiempos de persecución; los demás huían y negaban la fe. Lee 1 Pe 1.6-7; 4.12-14 y Ap 2.10; 6.9-10.

➤

¿Qué nos dicen estos pasajes de la vida de los primeros cristianos?

La situación de la iglesia cambió radicalmente a principios del cuarto siglo. Después de la última gran persecución, que fue la más sangrienta, entre los años 303 y 313, el emperador romano Constantino decretó en el año 313 d.C. que el cristianismo sería tolerado dentro del imperio, poniendo así fin a las persecuciones. Él favoreció mucho a los cristianos, construyó templos muy grandes para ellos y nombró como jueces a los obispos. Más tarde en el mismo siglo, el emperador Teodosio decretó que el cristianismo sería la única religión permitida dentro del imperio romano. De esta manera, en el mismo siglo, el cristianismo pasó de ser una religión perseguida con gran violencia a ser la única religión que podía practicarse.

Aunque podemos ver esto como una victoria, los favores otorgados por los emperadores a veces hacían más daño que bien. Mucha gente se hacía cristiana sólo por conveniencia y no por convicción. Hombres ambiciosos buscaban los puestos de obispo, porque deseaban tener poder y honores. La iglesia se vio comprometida a cumplir con lo que el emperador decía, y ya no era tan libre para hacer lo que parecía mejor. Se esperaba que todo el mundo se hiciera cristiano, de modo que la iglesia se llenó de mucha gente que realmente no conocía bien qué significaba ser cristiano para asumir un compromiso serio de seguir a Jesús. La iglesia también se vio amenazada por divisiones internas muy serias durante estos siglos, debido sobre todo a cuestiones doctrinales.

Al mismo tiempo, el cuadro no era completamente obscuro; hubo muchas cosas buenas en esos siglos. Muchos creyentes vivieron vidas ejemplares, manifestando la presencia de Jesucristo en sus vidas de muchas maneras. La iglesia se ocupó de muchas tareas nobles, alimentando a los hambrientos y cuidando a los enfermos. Hubo muchos fieles discípulos del Señor, tanto entre los líderes y dirigentes de la iglesia, como entre los cristianos más sencillos.

Así como ningún creyente es perfecto, sino que inevitablemente cae en el pecado y el error, la iglesia también ha sido imperfecta desde el comienzo de su existencia. Y así como sabemos que mientras estemos en este mundo jamás alcanzaremos la perfección, también sabemos que la iglesia no la alcanzará hasta el fin del mundo. Sólo entonces vendrá Cristo a poner fin al pecado y la maldad para siempre y establecer su reino en todo su esplendor.

1. ¿Por qué es importante saber que la iglesia nunca ha sido perfecta, aun en tiempos apostólicos?

2. ¿Por qué era la iglesia más "pura" durante las persecuciones? ¿Qué cambios trajo la legalización del cristianismo?

3. Menciona cosas buenas y malas que ves en la iglesia cristiana hoy en día. ¿Debemos conformarnos con la existencia del mal en la iglesia, o debemos tratar de cambiarla, aun cuando sabemos que no lo lograremos totalmente?

PARA PROFUNDIZAR

1. Lean los siguientes pasajes, relacionándolos con lo que vimos en esta lección: Hch 5.1-11; 8.18-20; 1 Ti 6.3-5; 1 Jn 2.18-22 y Ap 2.20-22.

2. Durante los siglos después de Constantino, se pretendió crear una sociedad en la que todo el mundo sin excepción fuera cristiano. En su opinión, ¿es posible esto? ¿Por qué? ¿Qué problemas se presentan al insistir que otros sigan la fe cristiana, aun cuando no quieran? (Posiblemente se puede comentar sobre la forma en que se pretendió hacer lo mismo al colonizar las Américas.)

3. En lugar de ser perseguida por el estado, o estar bajo el control del estado, ¿cómo debería relacionarse la iglesia con el estado? ¿Qué problemas surgen cuando la iglesia está bajo el control del estado?

4. Su pastor o maestro puede mencionar cuáles eran algunas de las controversias que dividieron a la iglesia durante sus primeros siglos.

2. Un hombre que luchó por la verdad

¿Qué debemos hacer cuando algo anda mal en la iglesia o la sociedad? Muchos se callan por temor a meterse en dificultades con las autoridades. Pero eso no resuelve el problema. Otros recurren a la violencia o la fuerza, pero eso tampoco ayuda. Hay otros que protestan de manera pacífica, pero casi siempre encuentran oposición y persecución. Lee Mt 14.3-10 y Mr 11.15-18.

¿Qué hicieron Juan el Bautista y Jesús?

¿Por qué murieron?

Durante la Edad Media, hubo muchos esfuerzos por reformar y purificar la iglesia cristiana que se había corrompido en gran manera. Aunque algunos intentos de reforma tuvieron cierto éxito, en muchas ocasiones la iglesia aplastó a los reformadores, quemándolos en la hoguera o persiguiéndolos de otra manera. A los que gozaban de mucho poder y privilegios dentro de la iglesia no les interesaba ver cambios.

En el año 1517, un representante del papa romano llamado Juan Tetzel llegó a Alemania vendiendo indulgencias. Afirmaba que si uno compraba las indulgencias, podía obtener el perdón de todos sus pecados, y también de los pecados de sus familiares. Un monje llamado Martín Lutero, que era profesor de teología en la Universidad de Wittenberg, protestó contra esto. El día 31 de octubre de ese año, vísperas de la fiesta de Todos los Santos, clavó 95 tesis a la puerta de la iglesia de Wittenberg, en las que invitaba a otros eruditos a tener un debate sobre el tema. Estas tesis, escritas en latín, fueron rápidamente traducidas al alemán y divulgadas entre el pueblo. Muy pronto, Lutero ganó gran popularidad entre los alemanes que estaban descontentos con la iglesia de Roma, pero sus tesis fueron condenadas por las autoridades de esa iglesia. En 1520, el papa oficialmente excomulgó a Lutero y, en 1521, Lutero se presentó ante el emperador Carlos V. Al pedirle éste a Lutero que se retractara sobre lo que había escrito, Lutero respondió: "A menos que se me convenza con las Escrituras y la mera razón -no acepto la autoridad de papas y concilios pues se han contradicho entre sí- mi conciencia es cautiva de la palabra de Dios. No puedo retractarme y no me retractaré de nada, pues ir contra la conciencia no es justo ni seguro. Dios me ayude. Amén." Después de esto, Lutero fue declarado hereje.

Sin embargo, muchos apoyaban a Lutero, no sólo de entre el pueblo común, sino también príncipes y otras personas en autoridad. Las iglesias en Alemania dejaron de sujetarse a la autoridad del papa romano, lo cual trajo como consecuencia una iglesia independiente de Roma.

Cabe notar que Lutero jamás quiso formar una nueva iglesia; él nunca llegó a ser obispo ni a tener algún puesto de autoridad oficial dentro de la iglesia. Lutero únicamente quería reformar la iglesia, y en los años posteriores trabajó arduamente con este fin. Las reformas abarcaron muchas áreas: doctrina, catequización, liturgia, la celebración de la Santa Cena, el monasticismo y el matrimonio del clero, entre otras. Por supuesto, la iglesia reformada no era perfecta, pero hubo muchos cambios positivos que eliminaron muchos abusos.

El movimiento de Reforma iniciado por Lutero y otros se extendió a muchas regiones de Europa. Hubo también otros grandes reformadores como Melanchton, Zuinglio, Calvino y Knox. La Iglesia Católica Romana no dejó de tratar de erradicar estos movimientos de Reforma, y aunque tuvo éxito en ciertas regiones, en otras las iglesias reformadas, también llamadas *protestantes* o *evangélicas*, se establecieron de manera definitiva.

En fin, por una parte es un hecho lamentable de que la iglesia cristiana se haya fracturado de esta manera; pero, por otra parte, la Reforma trajo muchos cambios positivos y necesarios a la iglesia, no sólo entre protestantes, sino también dentro de la Iglesia Católica Romana, ya que fue forzada a realizar muchas reformas. La Reforma cambió para siempre a la iglesia cristiana.

1. ¿Qué pretendía Lutero? ¿Por qué es importante recordar que no quiso formar una nueva iglesia?

2. En tu opinión, ¿quién dividió la iglesia, Lutero o los que querían callarlo? ¿Tenía Lutero otras alternativas para actuar diferente?

3. Menciona algunas cosas que podemos aprender de la historia de Lutero y la Reforma.

PARA PROFUNDIZAR

1. Al negarse a retractarse, Lutero sabía que sería declarado hereje, y que cualquiera podría matarlo sin represalias. Aunque sus enemigos nunca lograron matar a Lutero, ¿en qué fue similar su confesión de fe a las confesiones que hicieron Jesús, Esteban, Pablo y otros al ser juzgados?

2. Un lema de la Iglesia Luterana es *siempre reformándose*. ¿Por qué es necesario que la iglesia esté siempre en un proceso de renovación y reforma? ¿Qué reformas son necesarias hoy en día en la iglesia?

3. Mencionen algunas de las doctrinas y costumbres que existen en otras iglesias cristianas con las que los luteranos no estamos de acuerdo. Luego hablen también de las cosas que nos unen con miembros de otras iglesias.

4. ¿Qué cosas podemos hacer hoy en día para tratar de restablecer la unidad entre los cristianos?

3. Nuestra herencia luterana

En la vida de casi todos nosotros hay ciertas cosas que no nos dejan vivir completamente en paz. Pueden ser problemas familiares o en el trabajo, alguna enfermedad crónica, problemas económicos o muchas otras cosas. A veces un problema de este tipo dura muchos años, o toda la vida; pero si en algún momento logramos superarlo de una manera definitiva, nos sentimos contentos y aliviados.

Martín Lutero tenía un problema de este tipo. Durante muchos años se sintió muy culpable delante de Dios. Trataba de ser bueno y ganar el favor de Dios por sus propios esfuerzos, pero sentía que no lo lograba. Creía que Dios estaba muy enojado con él, y tenía un miedo terrible a la muerte, porque temía presentarse delante de ese Dios tan exigente. Todo esto lo movió a hacerse monje, pues creía que con esa vida podía agradar a Dios. Inclusive se azotaba y castigaba su cuerpo en su afán por purificarse de sus pecados, pero sentía que ni esto le daba la paz interior que tanto deseaba.

Lutero llegó a ser profesor de teología en la universidad de Wittenberg, y enseñó clases sobre tres libros bíblicos: Salmos, Romanos, y Gálatas. Al estudiar estos libros, encontró algunos pasajes que le dieron la paz que buscaba. Lee Sal 71.2; 130.3-4; Ro 1.17; 3.19-26 y Gá 2.16.

➤ *¿Qué afirman estos pasajes?*

Pasajes como éstos le ayudaron a Lutero a entender que no tenía que tratar de ganar el favor y el perdón de Dios. Descubrió que por medio de Jesucristo, Dios le perdonaba gratuitamente, sin exigirle nada. Cristo ya había hecho todo lo necesario para obtener el perdón de la humanidad; lo único que había que hacer era recibir lo que Dios ofrecía en su gracia.

Esto nos permite entender las tres frases que llegaron a ser el resumen del pensamiento luterano: *sola Escritura, sola gracia, sola fe*. En otras palabras, todo depende de la gracia de Dios; nuestra salvación no depende de lo que *nosotros* hayamos hecho, sino solamente de lo que Dios ha hecho. Y lo único necesario para alcanzar la salvación es la fe, esto es, confiar en Dios y en lo que él nos ofrece.

La frase, *sola Escritura*, resume lo que Lutero y otros enseñaban acerca del fundamento de nuestra fe. Todo lo que la iglesia enseña y practica debe basarse en la palabra de Dios. Aunque es bueno conocer la tradición de la iglesia, y usar nuestra razón humana para entender la fe, la Biblia es la única norma infalible de esa fe. Cualquier tradición humana que vaya en contra de lo que Dios nos dice en su Palabra debe desecharse.

Sin embargo, a diferencia de otros reformadores, Lutero quería retener muchas tradiciones antiguas. Otros reformadores afirmaban:

75

"Todo lo que la Biblia no enseñe de manera explícita debe desecharse." Pero Lutero seguía otro principio, diciendo: "Todo lo que no contradiga lo que la Biblia enseña y puede ser útil para la fe cristiana debe preservarse." Por eso, la Iglesia Luterana ha preservado costumbres como el uso de la liturgia, las vestimentas clericales, el uso de imágenes que sirvan para edificación (sin caer en la adoración o veneración de estas imágenes), y muchas otras cosas de las tradiciones cristianas antiguas, las cuales han sido rechazadas por muchos otros protestantes. El hecho de que todavía usamos los mismos credos y básicamente la misma liturgia también demuestra la continuidad entre la iglesia antigua y la Iglesia Luterana.

Aunque los escritos de Lutero son muy leídos y estudiados entre muchos luteranos, la palabra de Dios sigue estando en el centro de nuestra doctrina y práctica. No predicamos a Lutero, sino a Cristo. En 1580, unos 35 años después de la muerte de Lutero, los luteranos reunieron algunos escritos suyos (como sus catecismos, por ejemplo) y otros documentos históricos para formar el *Libro de Concordia*. Este libro contiene un resumen de lo que los luteranos enseñamos y practicamos. Así, se preserva la unidad entre los luteranos, permitiendo que todos sigamos la misma doctrina.

1. ¿Qué temor tenía Lutero? ¿Cómo llegó a superar ese temor con la ayuda de Dios?

2. Explica el significado de cada uno de los tres principios de la Reforma.

3. ¿Qué costumbres se preservaron en la Iglesia Luterana que otros reformadores desecharon? ¿Por qué?

PARA PROFUNDIZAR

1. Lean los siguientes pasajes, relacionándolos con lo que vimos en esta lección: Lc 18.9-14; Ef 2.1-10; 1 Ts 5.21 y Tit 2.4-7.

2. ¿Cuándo es bueno preservar tradiciones? ¿Cuándo no es bueno? ¿Por qué no debemos desechar tradiciones que pueden ser de provecho para nuestra vida cristiana?

3. Su pastor o maestro puede mostrarles un ejemplar del *Libro de Concordia* y compartir algo acerca de su historia, su contenido, y su uso hoy en día.

4. Discutan la cuestión de la diversidad de costumbres en las diferentes iglesias. ¿En qué cosas debe haber uniformidad? ¿En qué cosas no es necesaria la uniformidad? ¿Por qué tenemos la libertad de conservar costumbres antiguas, aun cuando no son mencionadas explícitamente en la Biblia?

La Iglesia Luterana hoy **13**

1. Nuestra iglesia y otras

Como seres humanos, todos somos diferentes. No todos pensamos de la misma manera. Sin duda, tú tienes muchas ideas y opiniones que no siempre concuerdan con la forma de pensar de tus familiares y amistades. Por lo general, esto no significa que no puedas convivir con ellos y seguirles mostrando respeto y cariño; pero a veces las diferencias son tan grandes que la convivencia es muy difícil.

Cuando Martín Lutero, frente al Emperador, se negó a retractarse de lo que había escrito, afirmó que no podía actuar en contra de su conciencia. Él estaba plenamente convencido que lo que él enseñaba venía de Dios y era la verdad; pero los que lo acusaban estaban convencidos que él estaba en un error. Lamentablemente, esta situación ha perdurado hasta la fecha. Como luteranos, creemos firmemente que hay ciertos principios y doctrinas que enseñaba Lutero y los otros reformadores que son innegables. Por ejemplo, creemos que toda nuestra doctrina y nuestras prácticas deben estar basadas en las Sagradas Escrituras, y no en ideas y opiniones humanas (aun cuando sean de personas con autoridad dentro de la iglesia). Asimismo, insistimos en que nuestras buenas obras no pueden merecer el favor de Dios, y que nos salvamos únicamente mediante la fe en Jesucristo. Sin embargo, no todos los cristianos comparten estas y otras creencias con nosotros; no hay unidad entre los cristianos en muchos puntos.

Frente a estas diferencias, ¿qué debemos hacer? Podríamos simplemente renunciar a muchas de nuestras creencias, y decir que en realidad no importan las diferencias; pero esto no sería correcto, pues sería negar nuestra fe y doctrina bíblica. La única otra opción viable es seguir firmes en lo que creemos, compartiéndolo con otros a través del diálogo y buscando mayor comprensión y unidad con otros cristianos. Sabemos que las divisiones entre cristianos no son buenas; pero tampoco es bueno renunciar a creencias bíblicas, y a costumbres que consideramos correctas.

Por estas razones, la Iglesia Luterana conserva su identidad. Seguimos afirmando que ciertas doctrinas y prácticas que a veces nos distinguen de otros cristianos son innegables, y por lo tanto, no podemos simplemente unirnos a otras iglesias con diferentes doctrinas y prácticas. Consideramos que los miembros de otras iglesias también son hermanos en la misma fe; por eso, los amamos y respetamos, y buscamos la manera de dialogar con ellos e inclusive trabajar con ellos de distintas maneras. Pero nuestras diferencias no nos permiten unirnos completamente con ellos, pues no podemos negar cosas que consideramos que son la verdad. Lee Hch 15.36-41 y Ro 14.1-13.

¿Qué diferencias existían entre los primeros cristianos?

¿Cómo resolvieron estas diferencias?

A veces, como ocurrió con Pablo y Marcos, no podemos ponernos de acuerdo y tenemos que separarnos. Sin embargo, podemos y debemos hacer esto sin faltar al amor y el respeto mutuo. Sin duda, Pablo y Marcos seguían considerándose hermanos en la fe; lo mismo se puede decir acerca de los que tenían diferentes costumbres, como menciona el segundo pasaje que acabamos de leer de Romanos. Así sucede también hoy en día: hay separaciones lamentables, pero esas separaciones no significan que dejamos de amarnos y respetarnos como hermanos en la fe.

Como cristianos luteranos, queremos la unidad con otros cristianos, y le pedimos constantemente a Dios que nos ayude a resolver nuestras diferencias y a comprendernos mejor. No nos consideramos superiores a otros, ni los despreciamos porque no están de acuerdo en muchos puntos con nosotros. Todos los cristianos somos uno en Cristo; pero como seres humanos pecadores e imperfectos, necesitamos que él nos perdone y nos ayude a alcanzar un mayor grado de unión y comprensión para que esa unidad se manifieste mejor.

1. ¿Cuáles son algunas cosas que distinguen a la Iglesia Luterana de otras iglesias? ¿Por qué no podemos con buena conciencia simplemente ignorar esas diferencias o negar su existencia?

2. ¿Cuál debe ser nuestra actitud y comportamiento para con cristianos de otras denominaciones?

3. En tu opinión, ¿qué cosas debemos hacer como luteranos para tratar de resolver el problema de las divisiones entre cristianos? ¿Qué puedes hacer tú personalmente? ¿Qué puede hacer tu congregación?

PARA PROFUNDIZAR

1. Lean y discutan los siguientes pasajes: Mr 9.38-41; Jn 17.20-23; 1 Co 1.10-13; Ef 4.1-6 y 2 Ts 3.6.

2. ¿De qué manera expresamos y vivimos nuestra unidad con otros cristianos en la Iglesia Luterana? ¿De qué manera expresamos nuestras diferencias?

3. ¿En qué actividades comunes con otros cristianos podemos participar? ¿En qué actividades no podemos participar con ellos con buena conciencia?

4. Aunque hay muchas denominaciones cristianas en el mundo, también hay ciertas iglesias y grupos que se consideran cristianos, pero que no lo son, porque niegan doctrinas fundamentales de la fe. Discutan cuáles son estos grupos, lo que creen (y niegan), y cómo debemos relacionarnos con sus miembros.

2. Organizados para servir

Para que un hogar sea feliz y goce de paz y armonía, es necesario que todos los miembros de la familia pongan algo de su parte. Debe haber comunicación y cooperación entre ellos, y cada uno debe tomar en cuenta a los demás. Si hay conflictos, es necesario dialogar y a veces hacer ciertos sacrificios para superarlos. Todos tienen que organizar sus actividades y trabajar juntos para que puedan vivir a gusto.

Lo mismo sucede en la iglesia, la familia de Dios. Desde el principio, los cristianos se han organizado para trabajar y convivir en armonía. Lee Hch 6.1-6; 15.1-2, 6, 22.

➤

¿Qué hacían los primeros cristianos cuando tenían que resolver algún problema?

En la Iglesia Luterana, dentro de cada congregación local, tratamos de seguir el ejemplo de los primeros cristianos. Los miembros se reúnen periódicamente para organizar el trabajo congregacional y decidir asuntos de importancia. Eligen a ciertas personas para asumir puestos de responsabilidad dentro de la congregación y llevar a cabo la administración. Las congregaciones también eligen a sus pastores, para que éstos guíen y cuiden a la congregación así como un pastor de ovejas guía y cuida a su rebaño. El pastor no sólo debe servir a los miembros, sino también ayudar, animar y capacitar a los miembros a servir a otros. Los pastores son como directores de orquestas; coordinan el trabajo y ayudan a todos los miembros a vivir y practicar su fe cristiana de la manera más plena posible. Son responsables por su trabajo ante la congregación, pero también ante Dios, que los ha llamado a través de los miembros a cumplir con este ministerio.

Los miembros de la congregación trabajan juntos de diversas maneras. Ayudan a organizar y realizar diversas actividades. Contribuyen con sus ofrendas monetarias para que la congregación pueda funcionar debidamente. Comparten sus ideas y opiniones, pero también los dones que Dios les ha dado para edificarse mutuamente y compartir el evangelio con otras personas.

Al mismo tiempo, las congregaciones se unen entre sí para trabajar en conjunto. Se organizan en diferentes agrupaciones, como distritos o sínodos, por ejemplo, para hacer cosas en común. Juntas, pueden hacer muchas cosas que no podrían hacer por separado. Por ejemplo, se unen para enviar misioneros y establecer nuevas congregaciones en diferentes lugares. También contribuyen para sostener seminarios o institutos que preparan a nuevos pastores y obreros para servir en las diversas congregaciones y misiones. Se unen para publicar libros, estudios y otros materiales para el bien de todos. Realizan diversos eventos para adorar juntos al Señor y edificarse mutuamente. Unidas y organizadas entre sí, las diversas congregaciones pueden lograr muchas más cosas que las que lograrían si cada congregación viviera y trabajara aislada de las demás.

La palabra *sínodo* que muchas agrupaciones luteranas empleamos expresa bien esta verdad. Un *sínodo* es un grupo de personas que *caminan juntas*. Todos los miembros del sínodo (tanto individuos como congregaciones) unen sus esfuerzos, y cada uno pone algo de su parte para llevar a cabo las diversas tareas que nos ha encomendado el Señor.

Como miembro de una congregación, tú también tendrás la oportunidad de compartir tus ideas y opiniones y participar en diversas actividades para servir al Señor y crecer en tu fe. Lee Ro 12.6-16; 2 Co 9.7; 1 Ts 5.11 y Stg 5.16.

➤ *¿Qué cosas se esperan de ti como miembro de una congregación?*

Ser miembro de una congregación implica tanto responsabilidades como privilegios. Tú necesitas de tus hermanos, y ellos necesitan de ti. Participa activamente en tu congregación. ¡Eres parte de una familia muy especial!

1. ¿De qué manera se organizan y trabajan juntos los miembros de tu congregación? ¿Por qué es tan importante esto?

2. ¿De qué manera trabaja tu congregación con otras congregaciones? ¿Qué actividades realizan juntas que no podrían hacer bien de manera individual?

3. ¿Cuáles son algunos de los privilegios de que gozan los miembros de tu congregación? ¿Cuáles son algunas de sus responsabilidades?

PARA PROFUNDIZAR

1. Lean los siguientes pasajes, relacionándolos con lo que vimos en esta lección: Ef 4.11-16 y He 10.24-25; 13.16-18.

2. ¿Cuál es el ministerio del pastor dentro de una congregación? ¿Qué requisitos hay para ejercer este ministerio? ¿En qué sentido es el pastor responsable ante Dios? ¿En qué sentido es responsable ante la congregación?

3. Su pastor o maestro puede compartir algo sobre la organización que existe en su congregación. ¿Qué otros ministerios hay? ¿Cómo se administra la congregación? ¿Cómo se toman decisiones importantes?

4. Su pastor o maestro puede hablar un poco más sobre la manera en que las diversas congregaciones de su distrito, sínodo o iglesia nacional están organizadas. ¿Qué las une? ¿Qué actividades realizan juntas? ¿Por qué es tan importante esta organización entre las diversas congregaciones?

3.   La Iglesia Luterana en el mundo de hoy

Cuando Martín Lutero alzó su voz pidiendo reformas dentro de la iglesia cristiana y confesando su fe en la pura gracia y bondad de Dios para la salvación, no habló sólo por sí mismo. Muchos otros cristianos estuvieron de acuerdo con lo que él decía, y lo manifestaron públicamente. De esta manera, la Iglesia de la Reforma llegó a extenderse a muchas partes de Europa, particularmente por el norte de ese continente. Aunque las diversas iglesias que posteriormente se llamaron *Evangélicas* y *Luteranas* preservaban su autonomía en cada país y región, estaban unidas en la misma doctrina y muchas de las mismas costumbres.

Posteriormente, la Iglesia Luterana llegó a extenderse a otras partes del mundo. Muchos luteranos emigraron a Rusia y otros países de Europa, Asia y Australia, pero las migraciones más numerosas fueron a las Américas, particularmente a los Estados Unidos, Brasil y Argentina. Los luteranos también enviaron misioneros a muchas otras partes del mundo, incluyendo Asia y Africa; en cada uno de estos continentes hay varios millones de cristianos luteranos. De esta manera, la Iglesia Luterana se ha extendido a los cinco continentes, y actualmente cuenta con alrededor de 60 millones de miembros.

Hay muchas cosas que unen a todos los luteranos. Lo más importante es que todas las iglesias luteranas profesan ser fieles a las Sagradas Escrituras, de acuerdo a la manera en que las entienden e interpretan las Confesiones Luteranas (el Libro de Concordia). Aunque hay ciertas diferencias doctrinales entre muchas de las iglesias evangélicas luteranas, todas están de acuerdo en los principios más fundamentales, como la justificación por la gracia de Dios mediante la fe sola y la autoridad absoluta de las Sagradas Escrituras para la fe, la doctrina y la práctica de la iglesia. Muchas creencias y prácticas, como las relacionadas con el ministerio y los Sacramentos del Bautismo y la Santa Comunión, entre otras, también son comunes a casi todos los luteranos, aunque a veces hay diferencias entre ellos en algunos puntos.

Aunque hay consenso en cuanto a las doctrinas y prácticas más básicas, los luteranos siempre hemos creído que no es necesario que haya uniformidad en todas las cuestiones. Por ejemplo, casi todas las iglesias luteranas son *litúrgicas*, ya que usan una liturgia para adorar a Dios; sin embargo, hay diversidad de liturgias, de estilos de música y de costumbres litúrgicas. Hay diferencias en cuanto a la manera de organizarse las congregaciones e iglesias nacionales. Cada iglesia es libre para hacer lo que le parezca mejor en estas áreas y otras. Creemos que esta libertad es importante, pues sólo así puede la iglesia adecuarse al contexto particular en el que se encuentra.

Sin embargo, entre muchas iglesias luteranas hay ciertas diferencias que les impiden estar completamente en comunión las unas con las otras. Por ejemplo, no todos están de acuerdo en la manera de interpretar ciertos pasajes de la Biblia; algunos insisten en una interpretación literal, mientras otros admiten interpretaciones más simbólicas o figurativas. Muchas iglesias luteranas permiten que las mujeres ejerzan el ministerio pastoral, mientras otras lo prohiben. No todos están de acuerdo tampoco en cuanto a la manera en que la Iglesia Luterana debe relacionarse con otras iglesias. Debido a éstas y otras diferencias, no hay plena comunión entre todas las iglesias luteranas.

A pesar de estas diferencias, todos los cristianos luteranos estamos de acuerdo en que tenemos una herencia muy rica y valiosa. Nos regocijamos en el evangelio tan precioso que Dios nos ha dado, y lo que más anhelamos es compartirlo en toda su pureza y profundidad con el mundo entero. Aunque sabemos que todos somos pecadores, nos alegramos al saber que Dios nos perdona gratuitamente y nos acepta tal como somos, por medio de su Hijo Jesucristo. Le damos gracias a Dios por todas sus bendiciones inmerecidas, y le pedimos que siempre nos guíe y nos conserve en nuestra fe por medio de su Palabra y su Espíritu Santo. ¡Qué bueno ha sido Dios con nosotros!

1. ¿Qué tienen en común las diversas iglesias luteranas en el mundo?

2. ¿En qué áreas hay libertad entre luteranos de diversas congregaciones e iglesias? ¿Por qué es importante que exista esta libertad?

3. ¿Cuáles son los principios más importantes para los cristianos luteranos?

PARA PROFUNDIZAR

1. Lean los siguientes pasajes y relaciónenlos con lo que vimos en esta lección: Ro 14.5-6 y 1 Co 9.19-23.

2. Mencionen algunas de las doctrinas y prácticas que unen a su iglesia con otras iglesias luteranas, y algunas de las doctrinas y prácticas que la distinguen.

3. Algunas iglesias luteranas permiten la ordenación de mujeres, basándose, en parte, en pasajes como Gá 3.28; 1 Co 11.5 y Col 3.11; otras la prohiben en base a pasajes como 1 Co 14.34-35 y 1 Ti 2.11-12. Lean estos pasajes, y discutan su interpretación y la costumbre de su iglesia en cuanto a la ordenación de mujeres al ministerio pastoral.

4. ¿Cuáles son algunas de las cosas más preciosas que hemos heredado dentro de la Iglesia Luterana? ¿Qué problemas hemos heredado? ¿Qué cosas debemos imitar o aprender de otras iglesias cristianas?

Vivir el amor

1. La vida en familia

Para la mayoría de nosotros no hay nadie tan importante en nuestra vida como nuestros familiares. Todos, sin duda, tenemos muchos amigos y conocidos; pero por más íntimos que sean, nuestra relación con ellos nunca llega a ser la misma que tenemos con los miembros de nuestra familia inmediata, porque sólo éstos son *de la misma sangre* que nosotros.

La familia es la base de la sociedad humana. Aprendemos muchas cosas de nuestros padres y familiares, que en realidad son los maestros más importantes que tenemos en la vida. Desde niños, imitamos a nuestros padres y tratamos de complacerlos de diferentes maneras. Ellos nos educan, no sólo con sus palabras, sino sobre todo con su ejemplo. Si nos dan buenos ejemplos, aprendemos de ellos lo que es el amor, el respeto y muchas otras buenas cualidades; pero si los ejemplos que nos dan no son buenos, podemos aprender cosas malas de ellos, también. Lee Ef 6.1-4 y Tit 2.2-8.

➤ *¿Qué nos enseñan estos pasajes acerca de la vida en familia?*

Si Dios nos manda a amarnos y respetarnos unos a otros en nuestra vida familiar, es porque quiere nuestro bienestar y felicidad. Los padres siempre deben procurar el bien de sus hijos; por eso, Dios dice que los hijos deben obedecer a sus padres, aun cuando no estén de acuerdo con ellos, porque lo que les mandan es para su propio bien. Tanto los padres como los hijos tienen una gran responsabilidad dentro de la familia, y cada uno necesita cumplir con esa responsabilidad si la familia va a ser como Dios quiere. Los padres tienen que hacer lo que es mejor para sus hijos, dándoles lo que necesitan en cuerpo y alma, y los hijos tienen que sujetarse a sus padres. Sólo así puede funcionar bien una familia.

Dentro de la vida familiar, hay ciertas cosas que son fundamentales. Ante todo está el afecto. Necesitamos comunicarles a los otros miembros de nuestra familia, tanto con palabras como con hechos, que los queremos y que son importantes para nosotros. No basta con *sentir* ese afecto, sino que también es necesario *manifestarlo* de diversas formas.

Otra clave es la comunicación. Necesitamos aprender a compartir nuestra vida con nuestros seres queridos, comunicándoles nuestras ideas, experiencias y sentimientos. Asimismo, tenemos que aprender a *escuchar* lo que otros nos dicen, tomándolos en cuenta y estando siempre atentos a lo que nos quieren comunicar. Sólo así podemos comprendernos bien.

En cualquier familia siempre surgen conflictos. Esto es inevitable, y en sí no es malo. Más bien, lo que es malo es no saber resolver de manera pacífica los conflictos. Tenemos que aprender a superar las diferencias a través de una buena comunicación; todos tienen que poner algo de su parte, a veces haciendo sacrificios y concesiones, para que los conflictos se resuelvan y no se conviertan en problemas mayores.

Es importante, sobre todo, que nuestro Señor Jesucristo reine en cada hogar. Lee Jos 24.15; Hch 10.1-2 y Col 3.16.

¿Qué podemos aprender de estos pasajes para nuestra vida familiar?

➤

Aunque no podemos forzar a otros miembros de nuestra familia a creer en Jesucristo, sí podemos darles un buen ejemplo y compartir nuestra fe con ellos. También en muchos casos podemos orar y leer la Biblia (y otros libros devocionales) en familia y crecer juntos en nuestra fe.

No hay nada más hermoso que formar parte de una familia cristiana. Por supuesto, ninguna familia es perfecta, pues todos somos pecadores. A veces quisiéramos que nuestra familia fuera diferente y se pareciera más al tipo de familia que Dios desea. Aunque uno solo no puede lograr la armonía en el hogar, pues eso depende de la cooperación de todos, tú como individuo puedes poner lo necesario de tu parte, compartiendo el amor de Dios en palabra y hecho con tus familiares. Eso es lo que Dios te pide.

1. ¿Cuáles son algunas de las cosas más indispensables para tener una vida familiar feliz y armoniosa?

2. En tu opinión, ¿cuáles son algunos de los problemas familiares más serios hoy en día? ¿Qué posibles soluciones tienen?

3. Menciona algunas cosas concretas que tú como individuo podrías hacer para mejorar tu vida familiar.

PARA PROFUNDIZAR

1. Lean los siguientes pasajes, relacionándolos con lo que vimos en esta lección: Pr 1.8-9; 6.20-22; 13.1; 14.1; 15.5; Col 3.20-21 y 1 Ti 5.8.

2. En todos los hogares, los conflictos son hasta cierto punto inevitables. Discutan cómo pueden resolverse los conflictos de una manera aceptable y pacífica.

3. Discutan la importancia de la comunicación en el hogar. ¿En qué consiste la buena comunicación? ¿Cómo podemos aprender a mejorarla?

4. En muchos hogares cristianos, los miembros de la familia oran y leen la Biblia y otros libros devocionales juntos. Compartan sus experiencias en cuanto a esto, explicando en qué consiste, y la manera en que puede establecerse esta costumbre donde aún no existe.

2. Hombre y mujer

"Te quiero." ¡Cuánto nos gusta escuchar esas palabras! Aunque las escuchamos de nuestros padres, abuelos y otras personas, cuando las oímos por primera vez de alguien del sexo opuesto, el sentimiento que producen en nosotros es distinto. El amor romántico es algo maravilloso, algo que despierta en nosotros emociones muy fuertes y hermosas. Nuestro mayor anhelo es amar y ser amados.

El amor romántico o sensual es un don muy precioso de Dios. Según el libro de Génesis, Dios creó al hombre y la mujer para que gozaran de una relación muy íntima y especial. No sólo serían amigos o compañeros, sino que también podrían expresar su amor mutuo en la intimidad de las relaciones sexuales.

La sexualidad, entonces, es algo que Dios en su amor nos ha dado para nuestra felicidad. Como un don de Dios, es algo bueno. Sin embargo, como todo don, puede ser usado conforme a las buenas intenciones de Dios, o puede ser objeto de mal uso o abuso. Dios quiere que la relación sexual se realice dentro del contexto de una relación permanente de compromiso mutuo entre un hombre y una mujer. Quiere que el hombre y la mujer se vean, no como objetos sexuales, que sólo sirvan para satisfacer los deseos carnales, sino como compañeros que realmente se aman y se preocupan por su bienestar mutuo. Amar a otra persona no es sólo sentir ciertas emociones hacia él o ella, sino asumir el compromiso de buscar siempre su felicidad y bienestar. Lee 1 Co 7.2-4; Ef 5.25-33 y Col 3.18-19.

➤ *¿Qué dicen estos pasajes acerca del matrimonio?*

El matrimonio consiste en un compromiso, no sólo ante Dios, sino también ante la sociedad, en el que cada uno promete amar, cuidar, ayudar y serle fiel a su pareja durante toda la vida. Esto es para el bien de los dos, pues cada uno sabe que el otro ha prometido hacer todas estas cosas, lo cual les da seguridad y confianza, no sólo a ellos, sino también a los hijos que después puedan tener. Cumplir con este compromiso significa que habrá un hogar estable y unido, algo que todos necesitamos para vivir felices.

Ya que es una expresión de este compromiso, la relación sexual sólo debe realizarse dentro del matrimonio. Lee 1 Co 6.15-18; Gá 5.19; 1 Ts 4.2-5 y He 13.4.

➤ *¿Qué afirman todos estos pasajes en común?*

Es importante recordar aquí un punto que vimos anteriormente: si Dios nos manda o prohibe algo, no es porque quiera evitar nuestra felicidad, sino que, por el contrario, lo hace porque quiere vernos verdaderamente felices. Él sabe que el adulterio, por ejemplo, en realidad destruye nuestra felicidad; destruye a la pareja y también a los hijos que la pareja ha tenido. Dios no quiere ver hogares destruidos, porque eso no es para el bien de nadie.

Lo mismo se puede decir con respecto a las relaciones sexuales entre dos personas que no han asumido el compromiso de permanecer juntos toda su vida por medio del matrimonio. El amor sexual debe ser la expresión de un amor más profundo, que promete siempre estar al lado del otro y manifestarse de una manera permanente de muchas formas, y no sólo sexualmente. Por eso, no debe haber relaciones sexuales entre dos personas hasta que hayan manifestado públicamente y ante Dios su compromiso de amarse durante toda la vida. La manifestación pública (y no sólo privada o en secreto) de este compromiso es necesaria porque de otra forma, cualquiera puede romper su compromiso para con el otro de manera irresponsable, y de un momento para otro. Además, de esas relaciones pueden nacer hijos que no gocen de un hogar y una familia estables, lo cual no es ni bueno ni justo para ellos.

No hay que confundir la felicidad con la satisfacción de deseos carnales, ni tampoco con el amor romántico. Si Dios ha establecido el matrimonio, es porque sabe que un hombre y una mujer sólo pueden alcanzar juntos una felicidad duradera dentro de una relación permanente en la que cada uno se entrega siempre al otro, buscando en todo momento su bienestar común.

1. ¿Cómo quiere Dios que usemos el don de la sexualidad que nos ha dado? ¿De qué manera se puede abusar de ese don?

2. ¿En qué consiste el matrimonio? ¿Por qué es tan importante el compromiso que uno asume con su pareja al casarse?

3. Explica con tus propias palabras porqué lo que Dios nos manda y prohibe acerca de la sexualidad es para nuestro propio bienestar y felicidad.

PARA PROFUNDIZAR

1. Lean los siguientes pasajes, relacionándolos con lo que vimos en esta lección: Gn 2.18-24; Pr 5.3-7, 15-20; Mt 5.27-31 y 1 Pe 3.1-2, 7.

2. Es obvio que el divorcio no es parte del plan original de Dios. Sin embargo, en ciertas situaciones, la separación o el divorcio pueden ser necesarios, el menor de dos males. Con la ayuda de su pastor o maestro, discutan lo que su iglesia enseña y practica con respecto al divorcio y las segundas nupcias.

3. Discutan lo que la Biblia y su iglesia enseña con respecto a la homosexualidad. ¿Qué actitud debemos mostrar hacia los homosexuales? ¿Qué debe hacer la persona que siente inclinaciones homosexuales?

4. Ya que hay muchas dudas e inquietudes sobre el tema de la sexualidad, los asistentes pueden discutir cualquier punto relacionado con el tema que sea de su interés.

3. ¿Qué significa amar?

¿Qué es el amor? Para muchos es, más que nada, un sentimiento o una emoción. Amar significa sentir atracción y afecto hacia otra persona. Sin embargo, según la Biblia, el amor es más que eso. Lee 1 Co 10.24 y Fil 2.3-4.

➤

¿En qué forma nos ayudan estos versículos a entender el amor?

En realidad, amar a otra persona significa ante todo procurar su bien. Esto no significa hacer siempre lo que esa persona quiere, ni cumplir todos sus caprichos, porque a veces puede pedir algo que no le conviene o que le hará daño. Cuando amamos a otro, queremos lo mejor para él o ella. En eso consiste el amor.

Generalmente decimos que lo contrario al amor es el egoísmo. El egoísmo consiste en buscar sólo lo que nosotros queremos, sin tomar en cuenta el bien de los demás. Cuando somos egoístas, vemos a los demás, no tanto como personas, sino más bien como objetos. Queremos que cumplan nuestros deseos. Podemos ver a otros como objetos sexuales, objetos para conseguir dinero, favores o diversos bienes, o como objetos para manipular con fines egoístas. Obviamente, esto va en contra de la voluntad de Dios. Él no quiere que veamos a otros como objetos, sino como personas de infinito valor que merecen lo mejor de nosotros. Así vio Jesucristo a los demás, y así nos ve Dios. Lee Mt 9.36 y Mr 10.42-45.

➤

Para Jesucristo, ¿en qué consiste el amor?

A veces se habla del *amor propio* como sinónimo de egoísmo. Sin duda, el amor propio es malo cuando significa sólo buscar lo que uno mismo quiere sin tomar en cuenta el bien de otros. Pero, si entendemos el amor propio en otro sentido, puede ser bueno ya que todos debemos amarnos a nosotros mismos, así como nos ama Dios. Si él nos ama y quiere nuestro bienestar y felicidad, nosotros también debemos vernos a nosotros mismos con los mismos ojos con que nos ve Dios. Él nos manda amar a nuestro prójimo *como a nosotros mismos*.

Amarnos a nosotros mismos no significa ser egoístas, sino buscar lo que en realidad es bueno para nosotros. No queremos hacer cosas que nos lastimen o nos hagan daño, sino cuidarnos y procurar lo que es para nuestro bien. Sin embargo, Dios no sólo nos ama a nosotros, sino a *todos* los seres humanos. Por eso, no sólo quiere *nuestro* bienestar y felicidad, sino el bienestar y felicidad de *todos* sus hijos. Dios sabe que solamente podemos vivir felices si hay mucho amor en nuestras vidas; pero no puede haber amor en nuestras vidas si no lo vivimos y practicamos con todos los que nos rodean.

Por esta razón, no podemos verdaderamente amarnos a nosotros mismos sin amar también a los demás, buscando compartir nuestra vida y todo lo que tenemos con ellos. Si nos negamos a amar a otros, no sólo los lastimamos a ellos, sino también a nosotros mismos, porque destruimos nuestras relaciones con ellos, lo cual resulta en nuestra propia infelicidad. Pero si vivimos en amor, sirviendo a los demás, y buscando su bien en todo momento, llenamos tanto nuestras vidas como la de los demás con la verdadera felicidad que Dios quiere para todos nosotros. Esa felicidad no consiste en satisfacer nuestros deseos egoístas y tratar a los demás como objetos que están a nuestro servicio; más bien, consiste en procurar siempre lo que es para el bien de todos. Vivir de una manera egoísta no nos permite gozar de buenas relaciones con otros y compartir nuestra vida con ellos; el egoísmo, entonces, destruye nuestra felicidad y la felicidad de otros. Sólo podemos conocer la felicidad si practicamos el amor.

Por supuesto, habrá quienes no correspondan el amor que les mostramos. Pero, de cualquier forma, es mucho mejor seguir amando que volverse amargado y egoísta, lo cual sólo resulta en nuestra propia infelicidad. Sabemos que mientras más practiquemos el amor, que viene de Dios, más llenos estarán nuestros corazones del amor y el gozo que él nos da, porque estaremos abiertos, no sólo para dar, sino también para recibir.

1. ¿En qué consiste el amor, según la Biblia?

2. ¿En qué sentido debemos amarnos a nosotros mismos? ¿Por qué no podemos verdaderamente amarnos a nosotros mismos sin amar también a los demás?

3. ¿En qué consiste la verdadera felicidad? ¿Podemos realmente ser felices si vivimos de una manera egoísta, sin amar a otros? ¿Por qué?

PARA PROFUNDIZAR

1. Lean los siguientes pasajes, relacionándolos con lo que vimos en esta lección: Lc 6.31-36; Jn 13.3-16, 34; Ro 15.1-6; 1 Co 13.1-13 y 1 Jn 4.7-12.

2. ¿Por qué muchas veces creemos que la felicidad consiste en satisfacer nuestros deseos egoístas? ¿Por qué no resulta eso en felicidad?

3. En muchas situaciones es fácil confundir el bien con el mal. Según esta lección, ¿qué criterios podemos usar para saber si alguna acción es buena o mala?

4. Muchas personas creen que Dios quiere que seamos *mansos* y dejemos que otros nos pisoteen y abusen de nosotros. ¿Qué diferencia hay entre amar y servir a otros, y dejar que otros nos maltraten? ¿Estamos procurando el bien de otros (y el nuestro) si permitimos que otros nos lastimen y nos hagan mal? ¿Qué debemos hacer en esas situaciones?

Tu vida como miembro de la familia de Dios 15

1. Reunidos en familia

Tener que ausentarse del hogar y de los seres queridos por un período prolongado siempre es difícil. Extrañamos a nuestros familiares, y anhelamos el momento en que nos podamos reunirnos nuevamente. Aunque nos comuniquemos con ellos por teléfono o carta, no es lo mismo que estar a su lado. Cuando por fin podemos regresar, hay muchos abrazos y sonrisas. ¡Qué bueno es estar en casa otra vez!

Ser miembro de la familia de Dios es algo parecido. Al ir al templo, nos reunimos nuevamente de una manera muy especial con nuestros hermanos y hermanas en la fe, y con Dios nuestro Padre, para convivir con ellos, después de no haberlos visto durante varios días. Esto debe ser motivo de gran alegría. Lee lo que escribió David en el Sal 122.1.

¿A qué vamos al templo? Primero, vamos para estar con nuestro Padre celestial. Es verdad que convivimos con él durante toda la semana; pero en la iglesia, esta convivencia es un poco distinta. Ahí Dios nos habla a través del pastor y de otras personas. Oímos su palabra de perdón, y en la Santa Comunión recibimos el cuerpo y la sangre que el Señor derramó para el perdón de los pecados. También hablamos con Dios, uniendo nuestras oraciones y nuestras voces a las de nuestros hermanos para adorar a Dios y ofrecerle nuestras vidas. En fin, en la iglesia convivimos con Dios, no sólo como individuos, sino como *familia*. Pero no sólo estamos con Dios; también estamos con nuestros hermanos en la fe. Lee Ef 2.19-22 y 1 Ts 5.11.

➤ *¿Qué motivos dan estos pasajes para ir al templo?*

Es importante recordar siempre que ser cristiano no significa sólo tener una nueva relación con Dios, sino con otras personas también. Uno no puede decir que está viviendo unido a Cristo si vive desligado del cuerpo de Cristo, porque Cristo está presente en su cuerpo, la iglesia. Cristo no sólo vive en el cielo, sino que también vive en los corazones de todos los hijos de Dios; y si nuestro corazón está unido a Cristo, al mismo tiempo está unido a los corazones de todos los demás cristianos. Lee Jn 15.2-5.

➤ *¿Qué nos enseña este pasaje acerca de nuestra relación con Cristo?*

¿Qué implicaciones tiene para nuestra relación con los demás cristianos?

Estar unido a Jesús, la vid verdadera, es estar unido a todas las demás ramas de la vid; es imposible estar verdaderamente unidos a Jesús y separados de los demás que están unidos a él. Por eso, la participación en la iglesia es indispensable para el cristiano; ahí es donde encuentra a Cristo, no sólo en su Palabra y los sacramentos, sino también en sus hermanos.

Vivir como miembro de la familia de Dios, entonces, significa participar en los cultos de adoración, en los que Dios se reúne con sus hijos congregados, en una especie de *reunión familiar*. Pero también es más que eso: significa participar en otras actividades, como eventos de convivencia fraternal y estudios bíblicos. Al hacer esto, vamos creciendo y edificándonos unos a otros, compartiendo nuestras vidas con Dios y con nuestros hermanos de muchas maneras. Vamos realizando esa unión perfecta que Dios desea con todos sus hijos. Lee Ap 7.9-12; 19.5-9; 21.1-4.

➤

¿De qué tema en común hablan estos pasajes?

En realidad, participar en la iglesia es participar también en el mismo cielo. Lo que será una realidad algún día ya es una realidad, en parte, ahora en la iglesia, pues ahí nos reunimos con Dios y sus hijos para celebrar juntos nuestra vida común. ¿Quieres formar parte de esa gran multitud que está siempre delante del Señor? ¿Quieres ser miembro del pueblo celestial, la esposa del Cordero? Participa desde ahora en ese pueblo, uniéndote con la multitud de los que adoran a Dios en su iglesia; si en verdad vives como miembro de su familia ahora, puedes estar seguro de que seguirás formando parte de esa familia por toda la eternidad.

1. ¿Con qué objetivo participamos de las actividades de la iglesia?

2. ¿Por qué no es posible vivir unido a Cristo y a la vez separado de la iglesia?

3. ¿En qué sentido participamos en el mismo cielo al participar de las actividades de la iglesia?

PARA PROFUNDIZAR

1. Lean los siguientes pasajes, relacionándolos con lo que vimos en esta lección: 1 Co 12.12-14; Ef 1.16-23; Col 1.18-23; 1 Ts 2.17-20 y 1 Pe 2.4-5, 9-10.

2. ¿Qué razones dan muchos cristianos para no participar de la vida de la iglesia? Tomando en cuenta lo que vimos en esta lección, ¿cómo responderíamos a esas razones?

3. Mencionen algunas cosas concretas que hacemos en la iglesia que sirven para unirnos más con Dios, y otras cosas que sirven para unirnos más a nuestros hermanos.

4. A veces surgen cosas que nos impiden asistir con frecuencia al templo (enfermedad, cuestiones de trabajo, etc.). Hablen un poco sobre estas cosas. Si por alguna razón uno no puede asistir regularmente a las actividades de la iglesia, ¿de qué otra manera puede seguir participando en su iglesia y mantener su relación con sus hermanos en la fe?

2. Dar y recibir

A todos nos gusta recibir regalos; cuando alguien nos regala algo de valor, sabemos que esa persona nos estima y que somos importantes para ella. Pero también es hermoso *dar* regalos. Sentimos mucha alegría cuando le damos algo a otra persona y esa persona aprecia nuestro regalo. Un buen regalo es una muestra de amor, que fortalece la relación de amistad y comunión entre dos personas.

Como cristianos, todos hemos recibido una infinidad de regalos de nuestro Padre celestial. Lee Ro 8.32; 1 Ti 6.17; 2 Pe 1.3-4 y 1 Jn 3.1; 4.13; 5.11.

➤ *¿Qué cosas nos ha dado Dios?*

En realidad, todo lo que tenemos proviene de Dios y es muestra de su infinito amor por nosotros. Pero Dios no sólo quiere darnos *cosas*, sino darse él mismo a nosotros. Él comparte su misma vida con sus hijos. Si Dios nos da todo, pero nosotros no le damos nada a él, no habrá comunión entre nosotros y él; no compartiremos nada. La comunión consiste, no sólo en recibir, sino también en dar; y entre más da cada uno, más fuerte llega a ser la comunión entre los dos.

¿Qué le podemos dar a Dios? Lee 1 Cr 29.14; Sal 51.15-17; 1 Co 16.1-2 y He 13.16.

➤ *¿Qué debemos ofrecerle a Dios?*

Lo que Dios quiere de nosotros es lo mismo que él nos ha dado: *todo*, nuestra vida, nuestro amor, nuestro corazón, y todo lo que tenemos. Sin embargo, no quiere *quitarnos* estas cosas, sino *compartirlas* con nosotros. Cuando le damos algo a Dios, no perdemos nada; de hecho, ganamos, porque nuestra relación con él se hace más estrecha e íntima. Por eso le damos de lo que somos y tenemos, no simplemente por obligación, sino porque lo amamos y queremos compartir nuestra vida con él. Damos con alegría.

Ofrecerle nuestra vida entera a Dios significa ofrecerle cosas *concretas*. Le ofrecemos nuestros bienes materiales por medio de los diezmos y ofrendas que damos en la iglesia. Le damos de nuestro tiempo cuando apartamos tiempo para servirle de diversas maneras. Usar al máximo los diversos dones y talentos que Dios nos ha dado también es una ofrenda al Señor. Queremos compartir todo lo que tenemos con él.

Sin embargo, compartir lo que tenemos con Dios significa también compartirlo con los demás. Dios ama a todos los seres humanos, y por eso, cuando manifestamos nuestro amor por ellos, compartiendo nuestros bienes, nuestro tiempo y nuestros talentos con ellos, estamos también manifestando nuestro amor por Dios. Lee Mt 25.34-40 y 1 Jn 3.17-18.

> *¿Qué nos enseñan estos pasajes?*

Al compartir lo que tenemos con Dios y los demás, nuestro corazón se va abriendo, y entre más abierto esté, más lleno de amor estará, y más felices viviremos, porque estará abierto, no sólo para dar más, sino también para recibir más. Pero si cerramos nuestro corazón, no podemos recibir nada, porque Dios no nos puede llenar de su amor si no estamos abiertos para recibirlo. La persona egoísta no puede vivir feliz, porque su corazón cerrado no le permite vivir en comunión con Dios y los demás.

Cuanto más des, más recibirás. Sin embargo, lo que nos motiva a dar no es un deseo egoísta de recibir, sino un deseo de estar muy unidos a Dios y a nuestros hermanos. Queremos entregarnos por completo, en cuerpo y alma, a Dios y a los demás, porque nuestro mayor anhelo es gozar de la comunión más íntima posible con ellos. Por eso, queremos abrir nuestro corazón de par en par; sólo así estaremos muy unidos a Dios, y podremos decirle, junto con su Hijo Jesucristo, "Todo lo mío es tuyo, y lo tuyo mío; tú estás en mí, y yo en ti. Somos uno" (ver Jn 17.11, 21). ¿Qué alegría puede ser mayor que ésa?

1. ¿Por qué es imposible ofrecerle nuestra vida a Dios sin ofrecérsela también a los demás?

2. ¿Cuáles son tres cosas concretas que podemos ofrecerle a Dios y a nuestros hermanos? Menciona algunas maneras en que damos estas cosas tanto dentro como afuera de la iglesia.

3. ¿Por qué no nos conviene cerrar nuestro corazón a Dios y a los demás? ¿Qué perdemos al hacer eso?

PARA PROFUNDIZAR

1. Lean los siguientes pasajes, relacionándolos con lo que vimos en esta lección: Mt 25.14-30; Hch 2.44-45 y 2 Co 8.9-15; 9.6-15.

2. Lee Mal 3.8-10. ¿Como es que le robamos a Dios cuando no le ofrecemos nada? ¿En qué sentido nos robamos también a nosotros mismos? Según este pasaje, ¿qué ocurre cuando le ofrecemos lo que debemos? De acuerdo con lo que vimos en esta lección, ¿por qué ocurre eso?

3. El pasaje de Malaquías habla de diezmos y ofrendas. Discutan el concepto del diezmo. ¿Qué se espera de los miembros de una congregación en cuanto a sus ofrendas monetarias? ¿Qué se espera de ellos en cuanto a su tiempo y talentos?

4. Discutan algunos de las razones que la gente da para ofrecerle poco a Dios y a los demás. ¿Cómo podemos responder a estas razones? ¿Cómo podemos estimular a otros, y a nosotros mismos, a dar más de nuestros bienes, tiempo y talentos?

3. Peligros en el camino

En tiempos antiguos, viajar siempre era peligroso. Uno podía ser atacado por ladrones o por bestias salvajes. Si uno se agotaba, se lastimaba o se enfermaba, no había dónde recurrir para pedir socorro. Los que viajaban por mar podían naufragar. Los viajes siempre eran largos y difíciles.

Aunque hoy en día es mucho más fácil y seguro viajar, todos los cristianos hemos emprendido otro tipo de viaje que sí es muy peligroso: el viaje a nuestro hogar celestial. En este camino, hay muchos peligros. Lee Mt 26.41; He 3.7-19 y 1 Pe 5.8.

➤ *¿Qué peligros hay en nuestro camino?*

Jesús también habló de muchos de estos peligros al contar la parábola de la semilla. Lee esa parábola en Mt 13.3-9, 18-23.

➤ *¿Cómo se puede aplicar esta parábola a nuestra vida cristiana?*

Si no has experimentado todas estas tentaciones todavía, sin duda las experimentarás en el futuro; en diversos momentos te sentirás tentado a abandonar la vida cristiana. A veces uno puede apartarse de un momento a otro, cayendo en algún pecado, o escandalizándose por algo que sucede en la vida de otros creyentes. Pero lo más común es que uno se vaya apartando poco a poco, a veces hasta sin darse cuenta. Uno empieza a preocuparse por otras cosas en la vida, y tiene menos tiempo para Dios. Así, como una planta sin agua, la fe va ahogándose lentamente hasta que por fin se marchita por completo.

Hay muchas cosas que nos pueden apartar de Dios. Podemos experimentar dudas acerca de él, y nuestra fe empieza a titubear. Muchos jóvenes empiezan a andar con amistades que no les convienen; otros llegan a escoger una pareja que no sólo se niega a participar en la iglesia, sino que también va apartando a su pareja cristiana de la iglesia. A veces surgen nuevas situaciones en nuestra vida, como cuestiones del trabajo o del estudio, o problemas económicos o familiares, que nos mueven a dedicarle menos tiempo a Dios. Muchos se apartan de la iglesia porque tienen algún disgusto con otro miembro o porque no están de acuerdo con ciertas cosas que suceden en su congregación. En fin, Satanás siempre está buscando pretextos, cualesquiera que sean, para destruir nuestra fe.

Por eso, es muy importante saber de antemano que vas a encontrar muchos obstáculos en tu vida cristiana. Si estás conciente de ellos, puedes enfrentarlos con la ayuda de Dios, y no caer. En la vida de todos los cristianos hay altibajos; a veces nos sentimos muy fuertes y seguros en nuestra fe, pero otras veces nos desanimamos y nuestra relación con Dios se debilita. Recuerda que esto es normal, es de esperarse. Pero recuerda también que cuando sientes que estás cayendo, necesitas pedir ayuda, tanto de Dios como de tus hermanos en la fe. No guardes tus dudas o problemas para ti mismo, para eso está tu pastor y los demás miembros de la iglesia. Ellos te ayudarán a volver a estar más fuerte en tu fe.

También es importante recordar que aun cuando llegaras a caer en algún momento, Dios siempre está esperando para levantarte nuevamente. Así como el padre del hijo derrochador salió corriendo para recibirlo cuando regresó, Dios siempre está ansioso de recibir nuevamente a los que se apartan de él. Como el padre de la parábola, los recibe sin reproches ni regaños, sin exigirles nada, sólo se alegra de tenerlos nuevamente en su presencia. Así te recibirá Dios a ti si algún día llegaras a caer y luego quisieras volver a Dios.

Finalmente, recuerda que no existe nada más importante que tu fe y tu vida cristiana. Si tienes tu fe, lo tienes todo, si la pierdes, has perdido lo único que realmente vale en esta vida. Sacrifica lo que sea en tu vida, pero no sacrifiques tu fe cristiana. El día que mueras y te presentes delante de Dios, no te importará nada de lo que tuviste o no tuviste, de lo que hiciste o no hiciste en tu vida; lo único que te importará es tu relación con Dios. Si eso es lo único que te importará en ese día, que sea también lo más importante ahora y durante toda tu vida.

1. Menciona algunos de los peligros y tentaciones que has encontrado o piensas que encontrarás en tu vida cristiana. ¿Cómo los puedes superar?

2. ¿Qué debe hacer uno cuando siente que su fe se está debilitando?

3. Lee Mt 13.44-46; Fil 3.7-14 y Col 3.1-4. ¿Qué cosas importantes aprendemos de estos pasajes?

PARA PROFUNDIZAR

1. Lean los siguientes pasajes, relacionándolos con lo que vimos en esta lección: 1 Co 10.1-13; 1 Ti 6.9-10; Stg 1.12-16 y Ap 2.2-5, 10; 3.15-21.

2. Sin mencionar nombres, hablen sobre casos que han conocido de personas que dejaron de participar en la iglesia. ¿Qué los motivó a apartarse? ¿Qué debieron haber hecho para no apartarse?

3. Muchas personas no hablan con su pastor o algún otro hermano cristiano cuando tienen dudas o problemas porque les da vergüenza. ¿Debemos avergonzarnos si tenemos dudas o problemas personales? ¿Qué debemos hacer?

4. Hablen sobre los planes que tienen para el futuro, tanto para su vida personal como para su vida cristiana. ¿Qué papel juega Cristo en esos planes? ¿Qué tentaciones enfrentarán? ¿Qué harán para mantenerse siempre fieles a Dios?

Introducción al Credo Apostólico

Desde un principio de la iglesia, los nuevos creyentes usaban una fórmula trinitaria para confesar su fe. Posiblemente basados en Mateo 28.19, los primeros cristianos pedían que las personas a ser bautizadas confesaran su fe en Dios Padre el creador, Dios Hijo el salvador, y Dios Espíritu Santo el santificador. Se cree que esta fórmula se desarrolló oralmente hasta que tomó la forma que hoy conocemos como Credo Apostólico. El texto que confesamos hoy en nuestras iglesias data del siglo VIII.

El Credo Apostólico

Creo en Dios Padre todopoderoso, creador del cielo y de la tierra.

Y en Jesucristo, su único Hijo, nuestro Señor; que fue concebido por obra del Espíritu Santo, nació de la virgen María; padeció bajo el poder de Poncio Pilatos, fue crucificado, muerto y sepultado; descendió a los infiernos; al tercer día resucitó de entre los muertos; subió a los cielos y está sentado a la diestra de Dios Padre todopoderoso; y desde allí ha de venir a juzgar a los vivos y a los muertos.

Creo en el Espíritu Santo; la santa iglesia universal, la comunión de los santos; el perdón de los pecados; la resurrección de la carne y la vida perdurable. Amén

Introducción al Credo Niceno

Este credo, o confesión de fe, se formuló para contrarrestar doctrinas falsas que se venían predicando con respecto a Jesucristo. El obispo Arrio de Alejandría (norte de África) enseñaba que Jesús no era verdadero Dios. El primer concilio ecuménico, que se reunió en Nicea en el año 325, rechazó la doctrina de Arrio y formuló lo que hoy conocemos como el Credo Niceno. Algunos años más tarde, en 381, el segundo concilio ecuménico, que se reunió esta vez en Calcedonia, agregó la última parte del credo para acentuar la obra del Espíritu Santo. Desde ese entonces este credo es usado por la iglesia para confesar su fe en el Dios trino, y para reafirmar que Jesucristo es verdadero Dios.

El Credo Niceno

Creo en un solo Dios, Padre todopoderoso, creador del cielo y de la tierra, y de todo lo visible e invisible.

Creo también en un solo Señor Jesucristo, Hijo unigénito de Dios; engendrado del Padre antes de todos los siglos, Dios de Dios, luz de luz, verdadero Dios de verdadero Dios, engendrado y no hecho, de la misma sustancia que el Padre, por quien todas las cosas fueron hechas; quien por nosotros, los hombres, y por nuestra salvación, descendió del cielo, y encarnado en la virgen María por el Espíritu Santo, fue hecho hombre; fue crucificado también por nosotros bajo el poder de Poncio Pilatos; padeció y fue sepultado, y resucitó al tercer día según las Escrituras; ascendió a los cielos, y está sentado a la diestra del padre; vendrá otra vez en gloria a juzgar a los vivos y a los muertos, y su reino no tendrá fin.

Creo también en el Espíritu Santo, señor y dador de vida, que precede del Padre y del Hijo, que con el Padre y el Hijo juntamente es adorado y glorificado, que habló por medio de los profetas. Creo también en una iglesia santa, universal, y apostólica. Confieso que hay un solo bautismo para la remisión de los pecados; espero la resurrección de los muertos, y la vida del mundo venidero. Amén

Nota: El estudiante debe saber que hay diversas traducciones de ambos credos. Hemos puesto aquí las que consideramos más fieles al idioma griego original.

Libros de la Biblia y sus abreviaturas

Libro	Abreviatura	Libro	Abreviatura
Abdías	Abd	2 Juan	2 Jn
Amós	Am	3 Juan	3 Jn
Apocalipsis	Ap	Judas	Jud
Cantares	Cnt	Jueces	Jue
Colosenses	Col	Lamentaciones	Lm
1 Corintios	1 Co	Levítico	Lv
2 Corintios	2 Co	Lucas	Lc
1 Crónicas	1 Cr	Malaquías	Mal
2 Crónicas	2 Cr	Marcos	Mr
Daniel	Dn	Mateo	Mt
Deuteronomio	Dt	Miqueas	Mi
Eclesiastés	Ec	Nahúm	Nah
Efesios	Ef	Nehemías	Neh
Esdras	Esd	Números	Nm
Ester	Est	Oseas	Os
Éxodo	Ex	1 Pedro	1 Pe
Ezequiel	Ez	2 Pedro	2 Pe
Filemón	Flm	Proverbios	Pr
Filipenses	Fil	1 Reyes	1 R
Génesis	Gn	2 Reyes	2 R
Gálatas	Gá	Romanos	Ro
Habacuc	Hab	Rut	Rt
Hageo	Hag	Salmos	Sal
Hebreos	He	1 Samuel	1 S
Hechos	Hch	2 Samuel	2 S
Isaías	Is	Santiago	Stg
Jeremías	Jr	Sofonías	Sof
Job	Job	1 Tesalonicenses	1 Ts
Joel	Jl	2 Tesalonicenses	2 Ts
Jonás	Jon	1 Timoteo	1 Ti
Josué	Jos	2 Timoteo	2 Ti
Juan	Jn	Tito	Tit
1 Juan	1 Jn	Zacarías	Zac

www.ingramcontent.com/pod-product-compliance
Lightning Source LLC
Chambersburg PA
CBHW081517040426
42447CB00013B/3253